Samtkuchen und Safranschnecken

Samtkuchen und Safranschnecken
Köstliches aus der Weihnachtsbäckerei

Cecilia Vikbladh

Illustrationen von Helena Åkesson Liedberg

Jan Thorbecke Verlag

Einleitung

Die Lust, Weihnachtsgebäck zu backen, kommt immer ungefähr dann angeschlichen, wenn die Weihnachtsmusik aus den Lautsprechern zu erschallen beginnt. Plötzlich ist es fast unmöglich, dem Impuls zu widerstehen, ein paar Päckchen Safran zu kaufen – das vielleicht allerweihnachtlichste Gewürz, süß, aber gleichzeitig eine Spur bitter. Im Einkaufswagen landen auch Zimt, Kardamom, gemahlene Nelken und Ingwer, die den Pfefferkuchen Geschmack und Duft geben. Auch ganze Nelken, die man in Orangen steckt, darf man nicht vergessen, sowie Rosinen, Mehl, Butter, Zucker und Hefe.

Wenn die Zutaten einmal zu Hause sind, gibt es kein Zurück mehr. Dann muss man nur loslegen. Her mit der Schürze! Heraus mit den Rezepten von Omas Mandelplätzchen, Mamas Safranschnecken und den allerbesten Pfefferkuchen! Jedes Jahr teste ich auch viele neue Rezepte, denn es macht Spaß, seine eigenen Weihnachtstraditionen zu schaffen. Meine allerbesten Weihnachtsrezepte habe ich in diesem Buch gesammelt. Unter Namen wie Klassisches Weihnachtsgebäck, Plätzchen, Winterpies, Käsekuchen und Torten, saftige Kuchen und Muffins sowie Hefegebäck und Scones finden sich alle nur erdenklichen Köstlichkeiten. Egal ob Sie Lust auf traditionelles Weihnachtsgebäck oder modernere, vielleicht sogar etwas ungewöhnliche Weihnachtsrezepte haben, bin ich überzeugt davon, dass Sie hier ihre eigenen Favoriten finden werden.

Jetzt muss man nur noch mit der Weihnachtsbäckerei anfangen!

Gutes Gelingen!

Cecilia

KNUSPRIGE SIRUPPLÄTZCHEN

Sirupplätzchen oder Karamellschnitten sind eine der absolut besten Plätzchensorten. Sie sehen vielleicht etwas unscheinbar aus, aber mit ihrer knackigen Oberfläche und dem zähen, karamelligen Kern sind sie unwiderstehlich. Man kann den Teig auch gut mit 1 EL Kakaopulver oder ein wenig gemahlenem Zimt würzen.

Ca. 40 Stück

200 g zimmerwarme Butter
190 g Zucker
150 ml heller Sirup
1 Eigelb

250 g Weizenmehl
1 TL Vanillezucker
1 TL Backpulver

Butter, Zucker, Sirup und Eigelb am besten mit einem elektrischen Rührgerät vermischen. Mehl, Vanillezucker und Backpulver hinzufügen. Den Teig im Kühlschrank ca. 30 Minuten ruhen lassen.

Den Ofen auf 175 °C vorheizen und zwei Bleche mit Backpapier auslegen. Den Teig in vier gleich große Stücke teilen und 4 Würste rollen, die genauso lang sind wie die Bleche. Zwei Würste auf jedes Blech legen und mit der Hand ein wenig flach drücken. 15 Minuten backen und anschließend in schräge Stücke schneiden, während sie noch warm sind. Die Plätzchen auf dem Blech abkühlen lassen und dann in einer verschlossenen Dose aufbewahren.

Tipp!

Man kann die Plätzchen gut mit verschiedenen Geschmacksrichtungen variieren. Reiben Sie die Schale einer Limette oder mischen Sie 2 EL Kakao in den Teig. Man kann auch 1 Walnuss in jedes Plätzchen drücken, bevor sie gebacken werden. Wenn man Zimt mag, kann man 50 g Rohzucker mit 1 EL Zimt vermischen und vor dem Backen über die Plätzchen streuen.

GEBRÄUNTE MARMELADENTRÄUME

Süße Großmutterplätzchen, die man während der Weihnachtsfeiertage absolut nicht missen möchte!

Ca. 50 Stück

200 g zimmerwarme Butter
190–200 g Zucker
1 EL Vanillezucker

250 g extra feines Weizenmehl

Füllung:
200 ml Himbeermarmelade

Den Ofen auf 175 °C vorheizen. Die Butter vorsichtig in einer Pfanne bräunen. Abkühlen lassen. Butter und Zucker miteinander verrühren. Mehl untermischen. Zwei Bleche mit Backpapier belegen. 5 Würste formen und jede in 10 Stücke schneiden. Kugeln formen und auf die Bleche legen. Mit dem Daumen eine Vertiefung in den Teig drücken und Marmelade hinein geben. 5–7 Minuten backen.

MARMELADENSTERNE

Plätzchen, die beinahe aussehen wie Christbaumschmuck.

Ca. 20 Stück

120 g Zucker
160 g Weizenmehl
¼ TL gemahlener Zimt
¼ TL gemahlene Nelken
¼ TL gemahlener Kardamom

200 g Butter
100 g Mandeln
1 Eigelb

Füllung:
100–200 ml Marmelade nach Wahl

Zucker, Mehl und Gewürze in eine Schüssel geben. Die Butter in kleinere Stücke schneiden und gut mit der Mehlmischung verkneten. Die Mandeln fein zermahlen. Mandeln und Eigelb unterkneten. Den Teig in Frischhaltefolie wickeln und ein paar Stunden im Kühlschrank ruhen lassen.

Den Ofen auf 175 °C vorheizen. Den Teig dünn ausrollen. Mithilfe von Förmchen Plätzchen ausstechen. Dann bei der Hälfte der Plätzchen in der Mitte ein Muster ausstechen. Die Plätzchen auf ein Blech mit Backpapier legen. Das Blech am besten für eine Weile in den Kühlschrank stellen, sodass die Plätzchen beim späteren Backen nicht zerfließen. Die ganzen Plätzchen mit Marmelade bestreichen und die Plätzchen mit Loch darauf legen. Ca. 15 Minuten backen.

Tipp!
Orangensaft und -schale weglassen. Stattdessen die Rosinen in 200 ml Glögg kochen.

SAFRANSCHNECKEN MIT MANDELN UND ORANGEN

Saftige, süße Schnecken mit einem frischen Orangengeschmack.

Ca. 40 Stück

Hefeteig:
150 g Butter
500 ml Milch
½ g Safran
50 g frische Hefe
½ TL Salz
140 g Zucker
650–750 g Weizenmehl

Füllung:
Geriebene Schale und Saft
  von 2 Orangen
200 g Rosinen
100 g zimmerwarme Butter
50 g Zucker
1–2 EL Weizenmehl
150 g Mandelmasse

Verzierung:
1 Ei
150 g gehobelte Mandeln
3 EL Hagelzucker

Die Butter in einem Topf schmelzen. Milch und Safran hinzufügen und die Flüssigkeit auf Körpertemperatur erwärmen. Die Hefe in eine Schüssel bröckeln und mit der Teigflüssigkeit vermischen. Salz, Zucker und Weizenmehl untermischen. Ein wenig Mehl zum Kneten aufheben. Den Teig ca. 10 Minuten lang geschmeidig kneten. Danach ca. 1 Stunde gehen lassen, bis er die doppelte Größe erreicht hat. Den Orangensaft zusammen mit den Rosinen in einen kleinen Topf geben. Aufkochen und danach abkühlen lassen.

Den Teig auf einer bemehlten Arbeitsfläche kneten, bis er fest und geschmeidig ist, dann in zwei gleich große Stücke teilen. Jedes Stück zu einem Rechteck, ca. 30 × 50 cm, ausrollen. Die weiche Butter, die geriebene Orangenschale, den Zucker und die geriebene Mandelmasse miteinander verrühren. Die Creme auf den beiden Teigplatten verteilen. Die Rosinen ausdrücken und über die Mandelcreme streuen. Das Weizenmehl darüberstäuben. Von der Längsseite her zusammenrollen. Die Rolle in 2–3 cm dicke Scheiben schneiden und diese in Papierförmchen legen. Weitere 30 Minuten gehen lassen.

Den Ofen auf 225 °C vorheizen. Die Schnecken mit dem verquirlten Ei bestreichen und gehobelte Mandeln und/oder Hagelzucker darüberstreuen. Die Schnecken 10–12 Minuten goldbraun backen.

TRADITIONELLE PFEFFERKUCHEN

Diese Pfefferkuchen schmecken genau wie die, die wir an Weihnachten immer bei meiner Großmutter gegessen haben, als ich noch ein Kind war. Knusprig und mit dem Aroma der traditionellen Pfefferkuchengewürze, aber auch mit einem Spritzer erfrischender Zitrone. Der Teig ist geschmeidig und leicht zu bearbeiten. Er eignet sich gut, um Figuren daraus auszustechen.

200–300 Stück

2 EL gemahlener Zimt
1 EL gemahlener Ingwer
1 EL gemahlene Gewürznelken
1 TL gemahlener Kardamom
1 TL Salz
1 EL Natron
300 g zimmerwarme Butter
240 g Zucker
120 g Rohrzucker

1 Ei
Fein geriebene Schale von 1 Zitrone
300 ml heller Sirup
300 g Schlagsahne
850–900 g Weizenmehl

Glasur:
150 g Puderzucker
1 EL Zitronensaft
1 Eiweiß

Zimt, Ingwer, Gewürznelken, Kardamom, Salz und Natron miteinander vermischen. Butter, Zucker, Rohrzucker, Ei und die Gewürzmischung zu einem Teig verrühren. Zitronenschale, Sirup, Sahne und Weizenmehl untermischen und zu einem geschmeidigen Teig verkneten. Den Teig in einer Schüssel, mit Frischhaltefolie bedeckt, im Kühlschrank über Nacht ruhen lassen.

Den Ofen auf 175 °C vorheizen. Den Teig weich und geschmeidig kneten. In kleinere Stücke teilen und die Arbeitsfläche mit Mehl bestreuen. Den Teig richtig dünn ausrollen. Anheben, mit ein wenig Mehl bestreuen, sodass er nicht an der Arbeitsfläche kleben bleibt, und wieder ausrollen. Mithilfe von Ausstechformen Figuren ausstechen. Auf Backpapier legen. Die Plätzchen 8–10 Minuten backen. Die Zutaten für die Glasur mit einem Schneebesen verrühren. Die Plätzchen müssen vollständig abgekühlt sein, bevor sie mit der Glasur bestrichen werden. Wenn nicht die ganze Glasur verbraucht wird, kann man sie gut in einer mit Frischhaltefolie bedeckten Schüssel im Kühlschrank aufheben.

SAFRANSCHNECKEN

Trotz aller fantastischen neuen Gebäckkreationen muss ich doch diese besonders leckeren Safranschnecken empfehlen. Sie werden mit zwei verschiedenen Teigen gebacken und brauchen etwas länger als „normale" Safranschnecken. Aber es ist die Mühe wert: Saftigeres und luftigeres Luciagebäck ist kaum zu finden.

60–70 Stück

Teig 1:
500 ml Milch
75 g Hefe
95 g Zucker
600 g Weizenmehl
1 g Safran

Teig 2:
400 ml Milch
190 g Zucker
300 g zimmerwarme Butter
6 Eigelb
1 Pr Salz
1 kg Weizenmehl
Ei zum Bestreichen
Rosinen und Hagelzucker

Die Milch für den ersten Teig auf Körpertemperatur erwärmen und in eine Schüssel gießen. Hefe, Zucker, Mehl und Safran untermischen. Den Teig mindestens 5 Minuten lang kneten. 1 Stunde gehen lassen.

Die Milch für den zweiten Teig auf Körpertemperatur erwärmen. Milch, Zucker, Butter, Eigelb, Salz und Mehl in die Schüssel geben. Beide Teige mindestens 10 Minuten lang zusammenkneten. 1 ½ Stunden gehen lassen.

Den Teig auf eine leicht bemehlte Arbeitsfläche legen und wie abgebildet Schnecken formen. Diese auf mit Backpapier belegte Bleche legen und 30 Minuten gehen lassen.

Den Ofen auf 175 °C vorheizen. Die Schnecken mit verquirltem Ei bestreichen und mit Rosinen und Hagelzucker dekorieren. Je nach Größe 8–10 Minuten backen.

PANFORTE AUS SIENA

Dies ist ein Rezept, das aus dem mittelalterlichen Italien stammt. Man kann den Kuchen das ganze Jahr über bekommen, aber er wird vor allem während der Weihnachtstage gegessen. Er wird oft als hübsch eingepackte Kuchenstückchen verkauft. Panforte heißt starkes Brot, was auf die Tatsache verweist, dass der Kuchen Gewürze wie weißen Pfeffer und Ingwer enthält. Die Variationen der Zutaten in den verschiedenen Rezepten sind sehr groß. Diese Variante enthält große Mengen an Schokolade, Nüssen und Honig und schmeckt ganz wundervoll.

Ca. 50 kleine Stücke

- 200 g getrocknete Feigen
- 200 g getrocknete Aprikosen
- 100 g eingelegter Ingwer
- 200 g dunkle Schokolade
- 500 g Honig
- 250 g Zucker
- 500 g Nüsse nach Wahl, z.B. Walnüsse und geschälte Mandeln
- 100 g Rosinen
- 250 g Weizenmehl
- 100 g Kakao
- 1 EL gemahlener Zimt
- 1 EL gemahlener Ingwer
- 1 TL gemahlener weißer Pfeffer
- 2 EL Puderzucker zum Dekorieren

Feigen, Aprikosen und Ingwer hacken. Die Schokolade in kleinere Stücke brechen. Langsam in der Mikrowelle oder über einem Wasserbad auf dem Herd schmelzen lassen. Gut aufpassen, dass kein Wasser in die Schokoladenmasse fließt. Die Schokolade abkühlen lassen. Die Nüsse leicht anrösten. Den Ofen auf 150 °C vorheizen. Honig und Zucker in einem Topf mit dickem Boden vermischen. Zuerst langsam schmelzen lassen, dann aufkochen. Die Zuckermasse ist fertig, wenn man aus einem Teelöffel Masse, den man in ein Glas kaltes Wasser gießt, mit den Fingern eine Kugel formen kann. Die geschmolzene Schokolade in die Zuckermasse einrühren. Gut vermischen. Alles in eine neue große Schüssel umfüllen. Den Rest der Zutaten untermischen und den schweren Teig gut umrühren. Backpapier in eine Springform mit ca. 26 cm Durchmesser einspannen. Den Teig in die Form löffeln. 30 Minuten backen. Den Kuchen ganz abkühlen lassen, bevor er aufgeschnitten wird. Beim Servieren mit Puderzucker bestreuen.

Tipp!

Wenn man diese Art von Backwerk oder Konfekt herstellt, ist es gut, ein Zuckerthermometer zur Hand zu haben. Die Zuckermasse ist normalerweise bei 112–115 °C fertig, dann kann sie zu einer weichen Kugel geformt werden (das nennt man den weichen Kugeltest). Wenn die Kugel die Form bei leichtem Druck beibehält, nennt man es harter Kugeltest.

Tipp!

Es gibt leicht hässliche Kanten, wenn man das Haus mit Zucker zusammensetzt. Man kann sie aber mit Glasur verstecken! Pfefferkuchenhäuser sollten nicht allzu dünn ausgerollt werden, ca. 3 mm sind genau richtig. Sie sollten lange gebacken werden, aber nicht anbrennen, dann sieht es nicht mehr schön aus. Werden sie zu kurz gebacken, weichen die Teile auf und das Haus bricht zusammen.

PFEFFERKUCHENHAUS

Endlich steht es da, stattlich und geschmückt. Dank der Nachbarskinder wurde das Resultat so hübsch. Zum Pfefferkuchenbauen sollte man viel Zeit einplanen; das ist nichts, wenn man es eilig hat. Der Teig ist reichlich bemessen, weil man manchmal gezwungen ist, ein Teil nochmal zu backen. Immer mit Glasur dekorieren, bevor man das Haus zusammenbaut.

Teig:
330 g Zucker
300 ml Sirup
200 g Butter
800–850 g Weizenmehl
1 ½ EL Natron
2 TL gemahlener Ingwer
2 TL gemahlene Gewürznelken
2 TL gemahlener Zimt
150 ml Wasser

Glasur:
1 Eiweiß
240 g Puderzucker
½ TL Essig

Für die Fugen:
285 g Zucker

Außerdem:
Gelatineblätter für die Fenster
Pappkarton zum Basteln von Schablonen
Süßigkeiten, Zuckerkugeln und andere lustige Dinge zum Verzieren

Zucker, Sirup und Butter in einem Topf mit dickem Boden aufkochen. Die trockenen Zutaten und das Wasser in einer Teigmischmaschine oder von Hand miteinander vermischen. Die warme Zuckermischung darauf gießen. Zu einem glatten Teig kneten. Den Teig bei Zimmertemperatur mit Frischhaltefolie bedeckt über Nacht stehen lassen.

Den Teig auf einer leicht bemehlten Arbeitsfläche kneten und ausrollen. Die Teile für das Pfefferkuchenhaus ausschneiden (siehe Schablone S. 127). Bei 175–200 °C backen. Sobald das Blech aus dem Ofen genommen wird, müssen die Teile sofort zugeschnitten und noch einmal den Schablonen angepasst werden (die Schablonen auf das gebackene Pfefferkuchenteil legen). Es ist wichtig, dass alle Seiten gerade sind. Die Teile auf dem Blech hart werden lassen.

Das Eiweiß steif schlagen und mit dem Rest der Zutaten für die Glasur vermischen. Mit Wasser verlängern, wenn sie allzu zäh ist, aber sie soll zähflüssig sein. Die Pfefferkuchenteile mit der Glasur, Schokolinsen oder anderen Süßigkeiten verzieren.

Den Zucker bei mittlerer Hitze in einer Pfanne schmelzen. Anschließend die Hitze reduzieren, sodass der Zucker nicht mehr kocht, aber flüssig bleibt. Das Haus zusammenkleben, aber dabei aufpassen, dass man sich nicht an dem heißen Zucker die Finger verbrennt! Stücke aus den Gelatineblättern als Fenster ausschneiden und mit Glasur befestigen.

MANDELMUSCHELN

Es ist ein bisschen aufwändig, Mandelmuscheln zu backen. Man muss die Formen gut einfetten, sonst lassen sich die Plätzchen schwer herauslösen. Die Förmchen zwischen Daumen und Zeigefinger drücken, dann löst sich das Plätzchen meistens. Ansonsten die Formen leicht auf den Tisch klopfen. Die Mandeln am besten in einer Mandelmühle mahlen. Die Muscheln kurz vor dem Servieren mit kalter, leicht geschlagener Sahne und einem guten Klecks Marmelade füllen.

Ca. 40 Stück

100 g Mandeln
4 Bittermandeln
200 g zimmerwarme Butter
140 g Zucker
200–250 g Weizenmehl
1 Ei

Die Mandeln überbrühen und schälen. Gut abtrocknen und in einer Mandelmühle mahlen. Butter und Zucker hell und schaumig schlagen. Mehl und gemahlene Mandeln untermischen. Das Ei hinzufügen. Den Teig kneten. Kalt ca. 30 Minuten ruhen lassen. Die Formen mit Butter einfetten. Den Ofen auf 175–200 °C vorheizen. Den Teig in 40 Stücke teilen und mit bemehlten Fingern in die Formen drücken. Die Plätzchen ca. 7 Minuten backen. Etwas abkühlen lassen. Anschließend stürzen und auf einem Kuchengitter auskühlen lassen.

> **Tipp!**
> Man bekommt andere und sehr leckere Mandelmuscheln, wenn man 30 g Kakao mit in den Teig mischt. Am besten mit 200 g Schlagsahne servieren, die mit 2–3 EL Portwein vermischt wurde. In die Schokoladenmuscheln löffeln und ein Stück Feige in die Sahne stecken.

Tipp!
- Eier und Zucker mindestens 5 Minuten schlagen.
- Das Backpapier mit kaltem Wasser bepinseln, dann löst es sich leichter vom Kuchen.
- Die Biskuitrolle so schnell wie möglich zusammenrollen, damit sie nicht austrocknet und reißt.
- Wenn Butter oder Sahne in der Füllung enthalten sind, muss der Kuchen vor dem Füllen abkühlen.

SAFRANBISKUITROLLE MIT ZITRONENCREME

Biskuitrolle gehört mit zum Einfachsten, was man backen kann. Außerdem macht es Spaß, den Geschmack sowohl des Teiges als auch der Füllung zu variieren. Diese Biskuitrolle ist durch eine feine Füllung aus Zitronencreme und Sahne besonders lecker.

Ca. 10 Stücke

3 große Eier
190 g Zucker
2 EL Wasser
½ g Safran
100 g Weizenmehl
2 TL Backpulver
Fein geriebene Schale von 1 Zitrone

Füllung:
200 g Schlagsahne
200 ml Zitronencreme (Lemoncurd, gibt es fertig zu kaufen)
2–3 EL Zucker für das Papier

Den Ofen auf 250 °C vorheizen. Eier und Zucker weiß und luftig schlagen. Wasser aufkochen und Safran untermischen. 5 Minuten ziehen lassen. Das Safranwasser in den Eierteig gießen. Weizenmehl und Backpulver vermischen. In den Teig einrühren. Die Hälfte der Zitronenschale untermischen. Eine Fettpfanne bzw. ein Backblech mit hohem Rand mit Backpapier belegen und den Teig darauf verteilen. Rundherum einen kleinen Rand von ca. 2 cm lassen. Den Kuchen 5 Minuten backen.

   Ein Backpapier auf die Arbeitsfläche legen. Zucker und den Rest der Zitronenschale auf dem Backpapier ausstreuen. Den Kuchen auf das Papier stürzen und das mitgebackene Backpapier ablösen. Den Kuchen abkühlen lassen. Die Sahne schlagen und mit der Zitronencreme mischen. Die Zitronensahne auf den Kuchen streichen und diesen zusammenrollen. Die Rolle eine Weile mit dem Rand nach unten liegen lassen, bevor sie aufgeschnitten wird.

WEIHNACHTSKUCHEN MIT AMARETTO UND SCHNEEGLASUR

Früchtebrot backt man schon seit vielen hundert Jahren, und es gibt massenhaft unterschiedliche Rezepte. Der Amaretto in dieser Variante verleiht dem Brot einen Geschmack von Italien. Aprikosen, Zitronenschale, Rosinen und kandierte Orangenschalen tragen ebenfalls zu dem frischen Geschmack und der saftigen Konsistenz bei. Der Kuchen hält sich ein paar Wochen, wenn er gut eingepackt im Kühlschrank aufbewahrt wird.

16–18 Stücke

300 g getrocknete Aprikosen
200 ml Amaretto (oder anderer Likör)
1 Vanilleschote
285 g Zucker
250 g zimmerwarme Butter
4 Eier
Saft und geriebene Schale von 1 Zitrone
100 g Sultaninen (oder Rosinen)
100 g fein gehackte kandierte Orangenschalen
200 g Weizenmehl

Glasur:
2 Eiweiß
300–350 g Puderzucker
1 TL Zitronensaft
1 TL Glukose

Die Aprikosen fein hacken, sodass die Stücke so groß wie Rosinen werden. Mindestens 2 Stunden in Likör einweichen.

Den Ofen auf 175 °C vorheizen. Die Vanilleschote der Länge nach öffnen, das Mark herausschaben und in einen Mixer geben. Zucker dazugeben und mixen. Butter hinzufügen und zu einem Teig schlagen. Die Buttermischung in eine Schüssel löffeln. Die Eier nacheinander einrühren. Danach die Flüssigkeit von der Aprikosenmischung unterrühren. Aprikosen, Zitronensaft und -schale, Rosinen und kandierte Orangenschalen mit dem Mehl vermischen. Die Mischung in den Butterteig einrühren. Eine Springform mit ca. 24 cm Durchmesser einfetten und mit Mehl bestreuen. Den Teig in die Form gießen und je nach Größe der Form 75–90 Minuten backen.

Mit einem Stäbchen testen, ob der Kuchen fertig ist. Den Kuchen abkühlen lassen.

Eiweiß steif schlagen. Ein wenig Puderzucker einrühren, Zitronensaft und Glukose hinzufügen. Den Rest des Puderzuckers nach und nach einrühren. Die Glasur in einer dicken Schicht auf den Kuchen streichen. Eventuell mit bunten Zuckerstreuseln garnieren.

MÜRBE SAFRANKEKSE

Herrlich goldene Kekse, die im Mund schmelzen. Sie enthalten reichlich Butter, was sie knusprig und mürbe macht.

Ca. 80 Stück

4 EL Wasser
1 g Safran
200 g zimmerwarme Butter
120 g Rohrohrzucker
4 Eier
1 TL Salz
500 g Weizenmehl
1 Ei zum Bestreichen

Das Wasser aufkochen. Den Safran einrühren. Butter und Zucker schaumig schlagen. Safranwasser hinzufügen. Die Eier nacheinander unterrühren. Salz hinzufügen. Mehl unterrühren und vermischen, bis der Teig weich und formbar wird. Den Teig 1 Stunde im Kühlschrank ruhen lassen.

    Den Ofen auf 200 °C vorheizen. Den Teig auf die Arbeitsfläche stürzen und zu vier flachen Würsten mit ca. 1 cm Höhe formen. Die Würste auf mit Backpapier belegte Backbleche legen. Mit Ei bestreichen. 10–12 Minuten backen. Die Keksrollen herausnehmen und noch warm in schräge, ca. 1 cm breite Scheiben schneiden. Die Ofentemperatur auf 250 °C erhöhen. Die Kekse flach auf das Blech legen und ca. 5 Minuten goldbraun rösten; dabei genau darauf achten, dass sie nicht anbrennen. Die Ofentemperatur auf 50 °C reduzieren und die Kekse bei geöffneter Backofentür ein paar Stunden trocknen lassen. Die Safrankekse in einer Blechdose bei Zimmertemperatur aufbewahren.

MOLKETOFFEE

Das beste Toffee der Welt! Molkestreichkäse passt gut in Konfekt, weil er schon von selbst karamellig schmeckt. Dieses Toffee schmeckt ein kleines bisschen salzig, was es absolut unwiderstehlich macht.

Ca. 50 Stück

30 g Mandeln
150 ml heller Sirup
1 ½ EL Butter
100 g Schlagsahne
100 g Zucker
100 g Molkestreichkäse
   (im schwedischen Online-Shop
   erhältlich)

Die Mandeln überbrühen, schälen und fein hacken. Alle Zutaten außer den Mandeln in einem Topf mischen. Aufkochen und in regelmäßigen Abständen einen Kugeltest machen (siehe S. 17). Wenn man ein Zuckerthermometer hat, kann man dieses benutzen. Das Toffee ist bei 125 °C fertig. Mandeln einrühren und in Konfektförmchen gießen. Hart werden lassen.

> **Tipp!**
> Hier sind ein paar Vorschläge für verschiedene Toffee-Geschmacksrichtungen: 1 TL Pfefferkuchengewürze, Vanillezucker, gemahlenen Ingwer, Kakao, Kaffee oder gemahlenen Sternanis in den Teig mischen. Gehackte Pfefferminzstangen statt Mandeln geben dem Toffee einen frischen Minzgeschmack. Ein bisschen fein geriebene Zitronenschale im Teig ist auch lecker.

SCHOKOLADENFUDGE
MIT MARSHMALLOWS UND NÜSSEN

Superleckeres weiches und cremiges Weihnachtskaramell mit Walnussgeschmack. Schokoladenfudge ist ursprünglich eine amerikanische Variante von Schokoladentoffee. Der Unterschied ist, dass Fudge bröckeliger, weicher und ein wenig trockener ist als gewöhnliches Toffee, und es schmilzt wunderbar im Mund. Den Teig kann man auch gut mit Whiskey, Erdnussbutter, Erdnüssen oder anderen Nüssen variieren.

Ca. 45 Stück

150 ml Milch
380 g Zucker
75 g Rohrzucker
150 g Butter

100 g dunkle Schokolade
   (60–70 % Kakaogehalt)
50 ml flüssiger Honig
150 g Marshmallows (kleine oder gehackte große)
100 g Walnüsse

Milch, Zucker und Rohrzucker in einem Topf mit dickem Boden erhitzen. Umrühren, bis der Zucker geschmolzen ist. Anschließend unter Rühren Butter, Schokolade und Honig hinzufügen. Bei geschlossenem Deckel 2 Minuten kochen lassen. Dann den Deckel abnehmen und weiter kochen lassen. Hin und wieder einen Kugeltest machen, um zu sehen, ob der Teig fertig ist. Er sollte sich zu einer weichen Kugel formen lassen, was ungefähr 12 Minuten dauert. Die Zeit ist abhängig von der Bodenoberfläche des Topfes. Gut aufpassen, dass der Teig nicht zu lange kocht, er soll weich sein. Den Topf von der Platte nehmen und im Spülbecken in ein Wasserbad stellen. Den Teig rühren, bis er cremig und etwas heller geworden ist. Die ganzen Nüsse und Marshmallows hinzufügen. Eine ca. 20 × 20 cm große Form einfetten und mit Backpapier auskleiden. Den Teig in die Form gießen und erkalten lassen. In den Kühlschrank stellen, bis er vollständig erstarrt ist, und dann in Stücke schneiden.

DUNKLES SCHOKOLADENKONFEKT

Ein sehr einfaches Schokoladenkonfektrezept. Schokolade, Nüsse und getrocknete Früchte sind eine besonders gelungene Kombination.

200 g gemischte Nüsse
300 g dunkle Schokolade
   (70 % Kakaogehalt)
½ TL Sesam
¼ TL zerbröckelte Piri-Piri (Chili)
½ TL grobes Salz

Die Nüsse hacken und in Papierformen oder in einer mit Backpapier ausgelegten Form verteilen. Die Schokolade schmelzen und über die Nüsse löffeln. Wenn die Schokolade hart zu werden beginnt, die übrigen Zutaten darüberstreuen. Das Konfekt im Kühlschrank stehen lassen, bis es kalt geworden ist. Das Konfekt in Stücke zerbrochen servieren.

SCHOKOLADEN-FEIGEN-BÄLLCHEN

Wunderbare Feigenbällchen mit Mandel und Kokos. In einer Dose mit Deckel oder einem Plastikbeutel im Kühlschrank aufbewahren. Die Feigenbällchen halten sich im Kühlschrank mehrere Wochen.

Ca. 30 Stück

250 g weiche getrocknete Feigen
100 g Mandelmasse
3 EL Kakao
30 g Butter
130 g Kokosflocken oder gestiftete Mandeln

> **Tipp!**
> Man kann auch gut 2 EL hellen Rum hinzufügen. Rum passt geschmacklich gut zu sowohl Feigen als auch Mandeln.

Den harten Stiel von den Feigen abschneiden. Feigen und Mandelmasse in kleinere Stücke schneiden. Feigen, Mandelmasse und Kakao miteinander vermischen. In der Küchenmaschine zu einem Teig mixen. Butter hinzufügen und eine Weile weiter mixen. Kleine Bällchen rollen. Kokosflocken oder Mandelstifte auf einen Teller geben und die Bällchen darin wälzen. Die Bällchen im Kühlschrank aufbewahren.

BRÜSSELER PLÄTZCHEN

Zarte Plätzchen mit wundervollem Vanilleduft. Besonders gut werden sie, wenn man den Vanillezucker selbst macht, aber es funktioniert auch wunderbar mit gekauftem. Ein richtig guter Plätzchenteig, und wenn man will, kann man aus dem Teig mit ein paar Esslöffeln Kakao leckere Schokoladenkekse machen. In diesem Fall die Kekse mit ein wenig Ei bestreichen und mit Hagelzucker oder Mandeln garnieren.

Ca. 60 Stück

50 g Zucker und ein paar Tropfen rote Lebensmittelfarbe, oder gefärbter Zucker
375 g Butter
120 g Puderzucker
1 EL Vanillezucker, am besten selbstgemacht
400–450 g Weizenmehl

Zuerst 1–2 Tropfen Lebensmittelfarbe mit dem Zucker verrühren und gut mischen. Den gefärbten Zucker auf einem Teller trocknen lassen. Anschließend alle übrigen Zutaten in eine Schüssel geben und zu einem Teig verkneten. Den Teig dritteln und zu Würsten mit 3–4 cm Durchmesser rollen. Den gefärbten Zucker auf der Arbeitsfläche verteilen und die Teigwürste darin wälzen. In Frischhaltefolie wickeln und im Kühlschrank ca. 1 Stunde ruhen lassen.

    Den Ofen auf 175 °C vorheizen. Den Teig in ca. 1 cm breite Scheiben schneiden und auf ein mit Backpapier belegtes Backblech legen. Die Plätzchen ca. 12 Minuten leicht goldbraun backen.

Von links nach rechts: Knusprige Zitronen-Mohn-Plätzchen, Erdnuss-Marmeladen-Plätzchen, Schokoladenkekse mit Pistazien, Brüsseler Plätzchen und Karamellkekse.

Selbstgemachter Vanillezucker

Eine Vanilleschote der Länge nach öffnen, das Mark herausschaben und in 400 g Zucker geben. Anschließend die Stange in kleinere Stücke schneiden und alles in einem Mixer mixen, bis es gut vermischt ist. Die größeren Stücke heraussieben. Wenn man jedes Mal nur jeweils ein paar Esslöffel Vanillezucker verbraucht, kann man die ersten Male mit Zucker auffüllen, weil sich der Geschmack eine Zeit lang weiter intensiviert. Es gibt auch eine sparsame Variante, die gut funktioniert: Die Stange aufheben, wenn man das nächste Mal Vanillemark braucht. Die Reste der Vanilleschote zusammen mit 300 g Zucker in einem Mixer mixen. Größere Stücke aussieben.

SCHOKOLADENKEKSE MIT PISTAZIEN

Hübsch wie kleine Pralinen sind diese zarten Mürbteigplätzchen (siehe Bild auf S. 35). Mit reichem Schokoladengeschmack und knusprigen Nüssen ist dies hier auch ein Plätzchen, das vom Kaffeetisch verschwindet, bevor man bis drei zählen kann. Machen Sie doch gleich die doppelte Menge!

Ca. 40 Stück

3 Bittermandeln
200 g kalte Butter
95 g Zucker
175 g Weizenmehl
70 g Kakao
1 Ei
40 g gehackte Pistazien
2 EL Hagelzucker

Die Bittermandeln fein reiben. Die Butter in kleinere Stücke zerteilen und mit Bittermandeln, Zucker, Mehl und Kakao vermischen. Mit der Hand oder in der Küchenmaschine zu einem glatten Teig verarbeiten. Den Teig vierteln und zu Würsten mit 3–4 cm Durchmesser rollen. In Frischhaltefolie wickeln und im Kühlschrank ca. 1 Stunde ruhen lassen.

Den Ofen auf 200 °C vorheizen. Jede Rolle in ca. 10 Scheiben schneiden und die Scheiben auf ein mit Backpapier belegtes Backblech legen. Das Ei verquirlen und die Kekse damit bestreichen. Gehackte Pistazien und Hagelzucker darüberstreuen. Die Plätzchen ca. 10 Minuten backen. Eine Weile auf dem Backblech abkühlen lassen, dann auf ein Kuchengitter legen.

KARAMELLKEKSE

Besonders leckere Kekse, die auf der Zunge zergehen (siehe Bild auf S. 35). Der Muscovadozucker verstärkt den Karamellgeschmack und macht die Kekse zart und fein im Geschmack.

Ca. 20 Stück

100 g Mandeln
100 g zimmerwarme Butter
50 g Zucker
60 g heller Muscovadozucker
¼ TL Salz
125 g Weizenmehl
½ TL Backpulver
200 g grob gehacktes Daim (Butter-Karamell mit Schokoladenüberzug)
1 Ei

Die Mandeln hacken. Die Butter mit den gehackten Mandeln, Zucker, Muscovadozucker, Salz, Mehl, Backpulver und Daimstücken verrühren. Zum Schluss das Ei unterrühren. Einen Teigklumpen formen und zu einer Wurst mit ca. 8 cm Durchmesser rollen. Den Teig in Frischhaltefolie wickeln und im Kühlschrank ca. 1 Stunde ruhen lassen.

Den Ofen auf 225 °C vorheizen. Den Teig in 1 cm breite Stücke schneiden und auf ein mit Backpapier belegtes Backblech legen. 8–10 Minuten backen, bis die Kekse am Rand hellbraun geworden sind.

> **Tipp!**
> Man kann dem Teig anstatt mit Daim auch gut mit 125 g gehackten Pfefferminzstangen Geschmack verleihen.

KNUSPRIGE ZITRONEN-MOHN-KEKSE

Herrliche Mürbteigkekse, die am allerbesten zu Glögg oder einer Tasse Tee schmecken (siehe Bild auf S. 35). Die Kombination von Zitronen und nussigen Mohnsamen findet man oft in Rezepten aus England und den USA.

Ca. 25 Stück

150 g Weizenmehl
1 Pr Salz
60 g Puderzucker
60 g Rohzucker
Fein geriebene Schale von 1 Zitrone
2 TL Mohn
125 g kalte Butter
1 Ei

Mehl, Salz, Zucker, Zitronenschale und Mohn in einer Küchenmaschine mixen. Die Butter würfeln und bei laufender Maschine nach und nach hinzufügen. Zum Schluss das Ei dazugeben. Die Maschine abstellen, sobald sich eine Kugel gebildet hat. Den Teig zu einem Laib mit ca. 8 cm Durchmesser formen und in Frischhaltefolie wickeln. Mindestens 2 Stunden in den Kühlschrank legen, bis er ganz hart ist.

    Den Ofen auf 200 °C vorheizen. Den Teig in 5 mm dicke Scheiben schneiden und auf ein mit Backpapier belegtes Backblech legen. Die Kekse 10–12 Minuten backen, bis die Ränder gerade Farbe zu bekommen beginnen. Die Kekse auf ein Kuchengitter legen und abkühlen lassen.

> **Tipp!**
> Man kann die Teigrolle bis zu 1 Woche im Kühlschrank aufbewahren. Wenn nicht der ganze Teig auf einmal aufgebraucht wird, kann man die Kekse auch nach und nach backen.

ERDNUSS-MARMELADEN-KEKSE

Ungeheuer amerikanisch, eine Art veredelte Version des Erdnussbutter-Marmeladen-Sandwiches. Superleckere Kekse, in denen auch Menschen mit einer Glutenunverträglichkeit schwelgen können. Die Kekse sind sehr zart, und zusammen mit der guten Marmelade schmecken sie ganz wundervoll.

12 Stück

275 g Erdnussbutter mit Stückchen
120 g Rohzucker
1 großes Ei

2 TL Vanillezucker
ca. 100 ml Marmelade oder Gelee

Den Ofen auf 250 °C vorheizen. Erdnussbutter und Rohzucker gut miteinander verrühren. Das Ei separat in einer Tasse verquirlen. Vanillezucker und Ei unter das Erdnussbutter-Zucker-Gemisch kneten. Den ziemlich festen Teig zu 24 Kugeln formen. Die Kugeln mit großem Abstand auf ein gefettetes Backpapier auf ein Backblech legen. Mithilfe einer Gabel flach drücken. Die Kekse ca. 15 Minuten backen, bis sie am Rand braun geworden sind. Ein wenig auf dem Backblech abkühlen, dann auf einem Kuchengitter vollständig auskühlen lassen. Immer zwei Kekse mit etwas Marmelade oder Gelee dazwischen aufeinander legen.

ALFAJORES

Aus Argentinien kommt dieses zarte Delikatessgebäck. Es ist mit einer dicken, sahnigen Toffeecreme gefüllt und danach in Kokosflocken gewälzt. Man findet dieses Gebäck in einigen Teilen Spaniens, aber vor allem in lateinamerikanischen Ländern. Es wird als das argentinische Nationalgebäck angesehen, obwohl es seine Wurzeln eigentlich im mittleren Osten hat. Dort wird es täglich zum Frühstück, als Dessert, als Snack – kurz gesagt bei jeder sich bietenden Gelegenheit – gegessen.

Ca. 20 Stück

1 Dose gesüßte Kondensmilch
190 g Zucker
250 g Butter
3 Eigelb
Fein geriebene Schale von 1 Zitrone
1 EL Zitronensaft

1 TL Natron
2 TL Backpulver
1 TL Vanillezucker
200 g Weizenmehl
200 g Maisstärke
120 g Kokosflocken

Zu Beginn wird die Toffeecreme hergestellt. Die Dose mit Kondensmilch in einem Topf mit Wasser 4–5 Stunden sieden. Dabei muss die Dose die ganze Zeit mit Wasser bedeckt sein. (Andernfalls kann sie im schlimmsten Fall explodieren.) Danach die Dose mit kaltem Wasser abspülen und ganz abkühlen lassen, bevor sie geöffnet wird.

Den Ofen auf 225 °C vorheizen. Zucker und Butter schaumig schlagen. Eigelb, Zitronenschale und -saft hinzufügen und unterrühren. Natron, Backpulver, Vanillezucker, Mehl und Maisstärke vermischen und in den Teig einrühren.

Den Teig auf einer bemehlten Arbeitsfläche 5 mm dick ausrollen. Mithilfe eines Förmchens oder eines Glases 40 Kreise mit ca. 6 cm Durchmesser ausstechen. Die Kekse auf einem mit Backpapier belegten Backblech 5–7 Minuten backen, bis sie zart goldbraun sind. Das Gebäck abkühlen lassen.

Auf die Hälfte der Kekse 1–2 TL Toffeecreme streichen und die anderen darauf legen. Auch die Seiten mit ein wenig Toffeecreme bestreichen und die Alfajores in Kokosflocken wälzen.

Tipp!

Man kann die Toffeecreme auch kochen, indem man ein winziges Loch in die Oberseite der Dose mit Kondensmilch macht und darauf achtet, dass sich die Wasseroberfläche immer unter dem Loch befindet. Diese Methode dauert allerdings noch länger. Der hohe Druck in der Dose bewirkt, dass es schneller geht, wenn die ganze Dose mit Wasser bedeckt ist.

BISKUITS MIT DREI FÜLLUNGEN

Konfekt oder Gebäck, ja, das ist schwer zu entscheiden. Aber auf jeden Fall passen die Biskuits sehr gut auf den Leckereientisch zwischen Butterkaramellen und Mandelkonfekt. Biskuits sind aufwändiger und langwieriger zu backen, aber sie sind jede Minute wert. Die Füllungen sollten eine Weile im Kühlschrank stehen, damit sie eine streichfähige Konsistenz bekommen, aber nicht zu lang, sonst werden sie zu hart. Die unten beschriebenen Füllungsvarianten reichen jeweils für etwa 20 Biskuits.

Ca. 20 Stück

Biskuitboden:
250 g Mandelmasse
95 g Zucker
1 Eiweiß

Weiße Schokoladentrüffelfüllung:
300 g weiße Schokolade
200 g Schlagsahne
50 g Butter
50 ml Cognac

Glasur:
200 g weiße Schokolade
1 EL Maisöl

Den Ofen auf 175 °C vorheizen. Die Mandelmasse grob reiben und den Zucker hinzufügen. Das Eiweiß untermischen und rühren, bis eine glatte Masse entsteht. Den Teig in einen Spritzbeutel füllen und in Kreisen von der Größe eines 2-Euro-Stückes auf ein mit Backpapier belegtes Backblech drücken. Die Biskuits 10 Minuten backen, bis sie am Rand goldbraun sind. Abkühlen lassen und vom Backpapier lösen.

    300 g weiße Schokolade grob hacken. Bei schwacher Hitze in einem Topf mit dickem Boden schmelzen. Sahne und Butter unter Rühren hinzufügen. Zum Schluss den Cognac unterrühren. Die Creme schlagen, bis sie abgekühlt und luftig ist. Die Biskuitböden mit der Unterseite nach oben auf ein Backpapier legen. Die Creme in einem leichten Hügel auf die Böden streichen und zum Aushärten mindestens 1 Stunde in den Kühlschrank stellen. Am besten kurz in den Gefrierschrank stellen, bevor man sie glasiert. Die Schokolade für die Glasur in einem Topf schmelzen und das Öl unterrühren. Die Biskuits mit der Cremeseite kurz in die Schokolade tauchen. Die Küchlein kalt aufbewahren.

Dunkle Schokoladencreme:
1 Eiweiß von einem großen Ei
1 TL Zitronensaft
150 g Zucker
250 g zimmerwarme Butter
525 g dunkle Schokolade
   (70 % Kakaogehalt)

Eiweiß, Zitronensaft und Zucker in einem Topf mit dickem Boden bei schwacher Hitze unter Rühren erwärmen. Mit einem Zuckerthermometer die Temperatur messen und den Topf von der Platte nehmen, wenn die Mischung 60 °C erreicht hat. Mit dem Schneebesen weiterrühren, bis die Masse abgekühlt ist. Die Butter in Stücken hinzufügen und ca. 10 Minuten rühren. 125 g Schokolade bei schwacher Hitze schmelzen und in einem dünnen Strahl in die Buttercreme gießen. Dabei ständig rühren. Die Schokoladencreme in einem Hügel auf die Biskuitböden streichen. Zum Erstarren in den Kühlschrank stellen. Die restliche Schokolade schmelzen. Die Biskuits mit der Cremeseite kurz in die Schokolade tauchen. Die Küchlein kalt aufbewahren.

Zitronenfüllung:
75 ml Zitronensaft
30 g Zucker
3 Eigelb
Geriebene Schale von 2 Zitronen
150 g zimmerwarme Butter
150 g weiße Schokolade

Den Zitronensaft durch ein Sieb gießen und mit dem Zucker in einem Topf aufkochen. Einen Teelöffel Sirup abnehmen und vorsichtig pusten. Die Spitzen von Daumen und Zeigefinger in die Flüssigkeit tauchen. Die Finger zusammenpressen und wieder aufmachen. Wenn sich zwischen den Fingerspitzen ein kleiner Faden bildet, ist die Masse fertig. Eigelb mit dem elektrischen Handrührgerät auf mittlerer Stufe in einer Schüssel verquirlen, dabei langsam die warme, aber nicht heiße Zuckermasse und die Zitronenschale dazugeben. Abkühlen lassen. Die Butter nach und nach unterrühren. Die Creme in einem Hügel auf die Biskuitböden streichen. Zum Erstarren in den Kühlschrank stellen. Die Schokolade schmelzen. Die Biskuits mit der Cremeseite kurz in die Schokolade tauchen. Die Küchlein kalt aufbewahren.

KEKSE MIT WEISSER SCHOKOLADE UND MACADAMIANÜSSEN

Die Kombination von weißer Schokolade und Macadamianüssen ist perfekt! Beim Backen gut aufpassen, weil weiße Schokolade schnell verbrennt.

Ca. 20 Stück

150 g weiße Schokolade
100 g gesalzene Macadamianüsse
175 g zimmerwarme Butter
60 g Rohzucker
150 g Weizenmehl
1 TL Backpulver
¼ TL Salz
1 Ei
1 TL Vanillezucker

Den Ofen auf 200 °C vorheizen. Schokolade und Nüsse grob hacken. Butter und Zucker schaumig schlagen. Mehl, Backpulver und Salz miteinander vermischen. Das Ei verquirlen und in die Butter-Zucker-Mischung einrühren. Danach die Mehlmischung unterrühren. Zum Schluss Vanillezucker, Schokolade und Nüsse hinzufügen. Esslöffelgroße Teigklekse auf ein mit Backpapier belegtes Backblech geben und ein wenig flach drücken. 10–15 Minuten backen. Die Kekse sind fertig, wenn sie am Rand goldbraun werden.

CHOCOLATE CHIP COOKIES

Kräftige Schokoladenkekse mit viel Geschmack. Verschiedene Zucker- und Schokoladensorten ergeben einen unterschiedlichen Geschmack. Sowohl dunkle als auch weiße Schokolade passen gut. Variieren Sie auch mit anderen leckeren Nuancen wie Zimt, Kokos, Zitrone oder Erdnüssen.

Ca. 20 Stück

150 g Butter
180 g dunkler Muscovadozucker
120 g Rohzucker
1 EL Vanillezucker
2 Eier
350 g Haferflocken
150 g Weizenmehl
1 Pr Salz
1 TL Backpulver
200 g Milchschokolade
50 g Hasel- oder Walnüsse

Den Ofen auf 180 °C vorheizen. Die Butter in einem Topf schmelzen und Muscovado-, Roh- und Vanillezucker unterrühren, bis die Masse cremig wird. Die Creme in eine Schüssel gießen. Das Ei leicht verschlagen. Unter die Buttermischung rühren. Haferflocken, Mehl, Salz und Backpulver in einer separaten Schüssel vermischen. Die trockenen Zutaten nach und nach mit einem Holzlöffel in den Teig rühren. Schokolade und Nüsse grob hacken und in den Teig geben. Golfballgroße Kugeln formen, auf ein mit Backpapier belegtes Blech legen und flach drücken. 8–12 Minuten backen.

SCHOKOLADEN-HASELNUSS-STERNE

Hübsch wie kleine Schmuckstücke sind diese Plätzchen. Man kann sie mit selbstgemachter oder gekaufter Schokoladen- oder Nussnougatcreme füllen. Hat man viel Zeit oder einfach Lust, eine säuerlichere Variante als Füllung auszuprobieren, muss man unbedingt die leckere Passionsfruchtcreme von S. 114 machen.

Ca. 20 Stück

125 g Haselnüsse
125 g Mandeln
250 g Puderzucker
1 TL Vanillezucker
1 Ei
Schokoladencreme (siehe Rezept S. 113)

Die Nüsse in einer Pfanne ohne Fett rösten, bis sie anfangen, Farbe zu bekommen. In ein sauberes Küchenhandtuch geben, das Handtuch zusammenfalten und die Nüsse gegen den Stoff und gegeneinander reiben. Die Nüsse herausnehmen und die Schalen entfernen.

Die Mandeln überbrühen und schälen. Die abgekühlten Nüsse und Mandeln in einer Nussmühle mahlen oder in einer Küchenmaschine zerkleinern. Sie müssen zu einem feinen Mehl vermahlen werden, sonst bekommen die Plätzchen nicht die richtige Konsistenz. Puderzucker, Vanillezucker und Ei in der Küchenmaschine mit dem Nussmehl zu einem Teig verarbeiten. Diesen in Frischhaltefolie wickeln und ca. 2 Stunden im Kühlschrank ruhen lassen.

Den Ofen auf 200 °C vorheizen. Den Teig auf ein mit einer dünnen Schicht Puderzucker bestreutes Backpapier legen. Ein zweites Backpapier darauf legen. Den Teig 3–4 mm dick ausrollen. Mithilfe von kleinen Ausstechformen ca. 40 Plätzchen ausstechen. Den übrig gebliebenen Teig kneten und den Vorgang wiederholen, bis der Teig aufgebraucht ist. Die Plätzchen 8–10 Minuten backen, bis die Ränder hellbraun sind. Auf einem Kuchengitter abkühlen lassen.

Die Schokoladencreme darauf streichen und die Plätzchen zusammenlegen. Vor dem Servieren mit Puderzucker bestäuben.

SIZILIANISCHES MANDELGEBÄCK

Backwerk und Desserts aus Sizilien sind oft von der nordafrikanischen Esskultur inspiriert. Mandeln, andere Nüsse und getrocknete Früchte sind häufige Bestandteile. Probieren Sie dieses wunderbare Gebäck mit einer Tasse Espresso.

Ca. 40 Stück

600 g Mandeln
380 g Zucker
4 Eiweiß (große Eier)
50 ml Amaretto
2 Tropfen Bittermandelessenz
60 g Puderzucker

Die Mandeln überbrühen und schälen. Mit einem Handtuch abtrocknen oder in einer ofenfesten Schüssel für kurze Zeit bei ca. 100 °C in den Ofen stellen. Sie sollen auf keinen Fall geröstet werden, sondern nur trocknen. Die Mandeln in einer Nussmühle oder in einer Küchenmaschine sehr fein mahlen. Den Zucker in die Küchenmaschine geben und mit den Mandeln zu einem feinen Mehl mixen. Die Mandel-Zucker-Mischung in eine Schüssel geben und Eiweiß, Likör und Bittermandelessenz untermischen. Zu einem glatten Teig verrühren.

Den Ofen auf 175 °C vorheizen. 40 walnussgroße Kugeln formen. Vorsichtig in Puderzucker wälzen und zu Plätzchen mit runder Oberseite formen. Die Plätzchen auf zwei mit gefetteten Backpapieren belegte Bleche legen. Auf der mittleren Schiene des Ofens ca. 15 Minuten backen. Mit reichlich Puderzucker bestäuben und abkühlen lassen. Kühl und trocken aufbewahren.

SIRUPKEKSE MIT PREISELBEERDIP

Die Sirupkekse mit Rosinen, Nüssen und Schokolade sind schon pur superlecker. Aber man muss einfach probieren, sie in diese aufregende Preiselbeercreme zu dippen – absolut unschlagbar. Die Kekse sind schnell zu backen, aber der Teig sollte am besten über Nacht ruhen.

Ca. 70 Stück

300 g zimmerwarme Butter
480 g Zucker
200 ml heller Sirup
2 Eier
250 g Rosinen
100 g Haselnüsse
150 g dunkle Schokolade
600 g Weizenmehl
1 ½ EL Natron

Preiselbeerdip:
200 g Frischkäse
200 g gefrorene oder frische Preiselbeeren
50 ml flüssiger Honig
1 EL Schwedenpunsch (Likör)
200 g Crème fraîche

Butter und Zucker schaumig schlagen. Sirup, Eier, Rosinen, grob gehackte Nüsse und grob gehackte Schokolade unterrühren. Mehl und Natron miteinander vermischen und ebenfalls unterrühren. Den Teig über Nacht im Kühlschrank ruhen lassen.

Den Ofen auf 175 °C vorheizen. Den Teig in 8 Stücke teilen. Jedes Stück zu einer Wurst mit ca. 3 cm Durchmesser rollen. Jeweils zwei Würste auf ein Backblech legen und etwas flach drücken. 12–15 Minuten backen, bis sie etwas Farbe bekommen haben. Noch warm in schräge Stücke schneiden. Auf dem Backblech abkühlen lassen.

Frischkäse, Preiselbeeren und Honig mit der Küchenmaschine zu einem Teig verarbeiten. Schwedenpunsch und Crème fraîche in einer separaten Schüssel miteinander verrühren. Anschließend vorsichtig unter die Frischkäsemischung heben. Vor dem Servieren kalt stellen. Die knusprigen Kekse in die Preiselbeercreme dippen.

Tipp!

Man kann die Rosinen auch durch getrocknete Blaubeeren, Erdbeeren oder andere getrocknete Beeren und Früchte ersetzen. Wenn man wie ich von Safran nicht genug bekommen kann, kann man auch ½ g Safran zusammen mit den Preiselbeeren in den Frischkäse mischen.

KIRSCH-KOKOS-FLORENTINER

Knuspriges, festes Konfektgebäck mit Schokolade, das im Mund schmilzt. Sehr lecker zum Kaffee nach dem Essen oder als Geschenk hübsch eingepackt mit einer schönen Schleife.

Ca. 30 Stück

300 g getrocknete Kirschen
150 g heller Muscovadozucker
30 ml flüssiger Honig
1 EL Glukose
200 g Butter
150 g Kokosflocken
150 g gehobelte Mandeln
50 g Weizenmehl
250 g dunkle oder weiße Schokolade

Den Ofen auf 200 °C vorheizen. Kirschen grob hacken. Zucker, Honig, Glukose und Butter bei niedriger Hitze in einem Topf mit dickem Boden schmelzen. Anschließend Kokos, Mandelblätter, Kirschen und Mehl einrühren und zu einem Teig verarbeiten. Eine ca. 30 × 40 cm große ofenfeste Form einfetten und mit Backpapier auslegen. Den Teig gleichmäßig darin verteilen. 12–15 Minuten backen, bis das Gebäck golden und knusprig aussieht. Ganz auskühlen lassen.

Die Schokolade schmelzen. Das Gebäck auf ein Backpapier stürzen und das mitgebackene Backpapier entfernen. Die Schokolade auf dem Gebäck verteilen und hart werden lassen. Mithilfe von Ausstechformen Kreise ausstechen oder die Florentiner in Vierecke schneiden. Man braucht etwas Kraft, um die Förmchen durch das harte Gebäck zu drücken. Eine schwere Pfanne auf den Ausstechformen ist daher hilfreich.

Tipp!
Das Gebäck auf doppelten Blechen backen. Auf diese Weise riskiert man nicht, dass die Unterseite verbrannt wird. Wenn man will, kann man 100 g dunkle Schokolade schmelzen und die Ringe damit bestreichen. Die Ringe zusammensetzen und die Schokolade als „Klebstoff" benutzen, die Zuckerglasur aber trotzdem nicht weglassen.

DÄNISCHER NEUJAHRS- ODER KRANSEKAGETURM

Während die Glocken des Rathausturms von Kopenhagen das neue Jahr einläuten, feiern die meisten Dänen mit Champagner und Kransekage. Vielleicht ist diese dänische Tradition auch etwas für Sie?

12–24 Stücke

500 g Marzipan
60 g Puderzucker
1 Eiweiß

Glasur:
120–180 g Puderzucker
1 Eiweiß
Ein paar Tropfen Zitronensaft

Den Ofen auf 225 °C vorheizen. Das Marzipan grob reiben. Marzipan, Zucker und Eiweiß zu einem geschmeidigen Teig kneten. 2 Würste mit 60 cm Länge ausrollen. Entweder 20 traditionelle Kransekager oder einen stattlichen „Kransekageturm" formen. Es ist einfacher, die Würste zu rollen, wenn man ein bisschen Puderzucker auf die Arbeitsfläche streut. Die eine Wurst in 15, 18 und 27 cm lange Stücke schneiden, die andere in 12, 21 und 24 cm lange Stücke. Das kleine Stück, das übrig bleibt, kann als Turmspitze verwendet werden. Aus jeder Wurst einen Kreis formen und auf zwei mit Backpapier belegte Bleche legen. Die Ringe ca. 15 Minuten backen. Ganz auskühlen lassen, bevor sie vom Blech genommen werden.

Puderzucker, Eiweiß und Zitronensaft vermischen. Die Glasur in einen Spritzbeutel mit kleiner Tülle füllen. Den größten Ring auf einen mit Tortenpapier belegten Teller legen. Die Glasur in einem Zickzackmuster über die Ringe verteilen und diese aufeinander stapeln.

RUGELACH

Dieses fantastische Kleingebäck habe ich zum ersten Mal als Teenager auf einem Weihnachtsmarkt gegessen. Erst dreißig Jahre später bin ich wieder darauf gestoßen, dieses Mal in New York. Seitdem wird bei uns zu Hause zu allen Festtagen und an Weihnachten Rugelach gebacken. Das Gebäck stammt aus der jüdischen Küche, wo es das ganze Jahr über gegessen wird. Am besten mit gewürztem Apfelsaft servieren.

30–40 Stück

150 g zimmerwarme Butter
150 g Frischkäse
1 EL Puderzucker
1 Pr Salz
200 g Weizenmehl
100 ml Aprikosenmarmelade
150 g Walnüsse
95 g Zucker
2 TL Zimt
200 g Rosinen
1 Ei

> **Tipp!**
> Man kann die Füllung dieses leckeren Gebäcks gut variieren. Gehackte dunkle oder weiße Schokolade, geriebene Mandelmasse, Mohnsamen und Johannisbeermarmelade sind bewährte Füllungen.

Butter und Frischkäse miteinander verrühren. Puderzucker, Salz und Mehl vermischen. Die Mehlmischung in die Frischkäsecreme geben und zu einem Teig verarbeiten. Den Teig zu zwei Würsten mit 4–5 cm Durchmesser formen. In Frischhaltefolie wickeln und 2 Stunden lang in den Kühlschrank legen.

Den Ofen auf 200 °C vorheizen. Den Teig zu zwei Rechtecken ausrollen. Die Marmelade auf den beiden Teigplatten verteilen. Die Walnüsse bei schwacher Hitze in einer Pfanne rösten. Abkühlen lassen, ein wenig zerstoßen und über die Marmelade streuen. Zucker und Zimt mischen und darüberstreuen. Die Rosinen darauf verteilen. Den Teig von der Längsseite her zusammenrollen und ca. 30 Minuten in den Kühlschrank legen.

Die Rollen in 2 cm dicke Scheiben schneiden. Auf mit Backpapier belegte Bleche legen. Mit verquirltem Ei bestreichen und ca. 25 Minuten backen.

WINTERLICHER WARMER APFELSAFT

4 Gläser

1 l frisch gepresster Apfelsaft
4 Gewürznelken
10 Pimentkörner
2 Sternanis

1 Zimtstange
50 ml frisch gepresste Zitrone
1–2 EL Honig

Apfelsaft und Gewürze in einem Topf zugedeckt aufkochen lassen. Den Topf vom Herd nehmen. Die Gewürze aussieben. Zitronensaft hinzufügen, mit Honig süßen und das Getränk wieder erwärmen. Servieren.

BLÄTTERTEIGROLLEN MIT HASELNÜSSEN

Außen knusprig wie Frühlingsrollen, aber innen weich und saftig. Das Gebäck hat deutliche Einflüsse aus dem Mittleren Osten und schmeckt gut zu einer Tasse Tee.

Ca. 20 Stück

1 Päckchen Blätterteig, ca. 250 g

Füllung:
200 g Haselnüsse
95 g Zucker
2–3 EL Aprikosenmarmelade

2 TL gemahlener Zimt
1 geschlagenes Eiweiß
100 ml geschmolzene Butter
100 ml fester Honig
70 g Sesam

Den Blätterteig auftauen, falls er gefroren ist. Die Nüsse in einer Pfanne ohne Fett rösten. In ein sauberes Küchenhandtuch legen und reiben, dann löst sich die dünne Schale. Die Nüsse ganz auskühlen lassen. Nüsse und Zucker in eine Küchenmaschine geben und mixen, bis die Nüsse fein gerieben sind. Aprikosenmarmelade und Zimt hinzufügen.

Den Ofen auf 175 °C vorheizen. Ein feuchtes Handtuch über den Teig legen, sodass er nicht austrocknet. Ein Blatt nach dem anderen verarbeiten. Den Teig in ca. 10 × 30 cm lange Streifen schneiden. 1 EL Füllung auf die eine Querseite des Streifens geben. Etwas einrollen, dann die Seiten nach innen falten und den ganzen Streifen weiter zu einer kleinen Zigarre rollen. Das Ende mit ein wenig geschlagenem Eiweiß befestigen. Die Rolle mit dem Anschnitt nach unten auf ein Blech mit Backpapier legen. Die Rollen mit Butter bestreichen. Ca. 20 Minuten backen, bis sie goldbraun geworden sind. Den Honig erwärmen, sodass er flüssig wird. Die warmen Gebäckstücke in den Honig tauchen und Sesam darüberstreuen. Auf einem Kuchengitter trocknen lassen.

Winterpies, Käsekuchen und Torten

SAFRANKÄSEKUCHEN
AUF PFEFFERKUCHENBODEN

Dieser Käsekuchen macht sich sehr gut auf einem Glühweinfest! Nicht zuletzt deshalb, weil sich ein weihnachtlicher Duft von Pfefferkuchen und Safran in der Küche verbreitet, während der Kuchen gebacken wird. Wenn man keine Safranpunkte im Kuchen haben möchte, sondern eine gleichmäßig gelbe Farbe, kann man den Teig eine Weile in der Schüssel stehen lassen und hin und wieder etwas umrühren oder Safran und 50 g Crème fraîche bei schwacher Hitze erwärmen. Anschließend wie unten beschrieben in den Teig einrühren. Am besten 300 g Himbeeren mit ein paar Esslöffeln Puderzucker vermischen und zum Kuchen servieren.

8–10 Stücke

75 g Butter
200 g Pfefferkuchen, am besten Vollkorn

Füllung:
4 Eier
95 g Zucker
2 EL Weizenmehl
600 g Frischkäse
½ g Safran
Saft und geriebene Schale von 1 Zitrone
300 g Crème fraîche
1 EL Zucker
1 TL Vanillezucker

> **Tipp!**
> In Spezialgeschäften, die Gewürze, Schokolade oder Backzubehör verkaufen, bekommt man manchmal essbares Blattgold. Eine festliche Dekoration, besonders, wenn man den Kuchen an Silvester serviert.

Die Butter schmelzen. Die Pfefferkuchen in der Küchenmaschine zerkleinern. Die Butter dazugeben und zu einer gleichmäßigen Krümelmasse verarbeiten. Ein Backpapier auf dem Boden einer Springform mit 24–26 cm Durchmesser festspannen. Die Teigmasse in die Form drücken. Den Ofen auf 175 °C vorheizen. Die Form im Kühlschrank stehen lassen, während man den Teig für die Füllung zubereitet.

Eier und Zucker schaumig schlagen. Das Mehl untermischen. Anschließend Frischkäse, Safran, Zitronenschale und -saft in den Teig rühren, bis er glatt ist. In

die Form geben und ca. 45 Minuten backen, bis die Käsemasse gestockt ist. Die Zeit hängt davon ab, wie groß die Form ist.

Crème fraîche, Zucker und Vanillezucker miteinander verrühren. Den Kuchen herausnehmen und die Mischung darauf verteilen. Weitere 5 Minuten backen. Den Kuchen vor dem Servieren ganz auskühlen lassen.

NEW YORK CHEESECAKE — DIE KÖNIGIN DER KÄSEKUCHEN

Hier ist das Rezept für einen wunderbaren, klassisch amerikanischen Cheesecake. Er enthält zwar eine ganze Menge Frischkäse, aber andererseits reicht er auch fast für die ganze Verwandtschaft. Die Pekannüsse ergeben einen außergewöhnlichen, knusprigen Boden, und der Himbeerspiegel bildet mit seiner säuerlichen Note einen guten Kontrast.

14–16 Stücke

Boden:
200 g Pekannüsse
12 Digestivekekse
75 g Butter + Butter für die Form

Füllung:
1 kg Frischkäse
4 Eigelb
1 Ei
190 g Zucker
2 Vanilleschoten oder
1 EL Vanillezucker
200 g Crème fraîche
25 g Weizenmehl

Himbeerspiegel:
2 Gelatineblätter
200 g Himbeeren
2 EL Zucker
1–2 Granatäpfel

Den Ofen auf 150 °C vorheizen. Eine Springform mit ca. 24 cm Durchmesser mit reichlich Butter einfetten. Die Form mit den gehackten Pekannüssen ausstreuen, dabei die Form hin und her drehen. Die Kekse zerstoßen und die Nüsse untermischen, die nicht in der Form hängen geblieben sind. Die Butter schmelzen und mit den Keksen und Nüssen vermischen. Die Masse gleichmäßig auf dem Boden der Form verteilen und flach drücken. Die Form in den Kühlschrank stellen.

Frischkäse, Eigelb, Ei und Zucker zu einem cremigen Teig verrühren. Das Mark aus den Vanilleschoten oder den Vanillezucker sowie die Crème fraîche hinzufügen. Das Mehl hineinsieben und unterrühren. Den Teig in die Form geben. Den Kuchen ca. 1 ½ Stunden backen. Abkühlen lassen.

Die Gelatineblätter in kaltem Wasser einweichen. Himbeeren und Zucker in einen Topf geben. Erwärmen, bis der Zucker sich gelöst hat und Fruchtfleisch und Saft sich von den Kernen zu lösen beginnen. Durch ein Sieb streichen und den Sirup in einen Topf fließen lassen. Die Gelatineblätter ausdrücken und in die warme Himbeersoße einrühren. Die Soße etwas abkühlen lassen.

Über den Kuchen in der Springform gießen. Im Kühlschrank ca. 1 Stunde stocken lassen. Den Kuchen mit einem Messer vom Rand der Springform ablösen und herausnehmen. Die Granatäpfelkerne herausbrechen und über dem Himbeerspiegel verteilen. Den Kuchen bis zum Verzehr kühl stellen.

Tipp!
Statt der Pekannüsse kann man auch gut Walnüsse oder andere Nüsse verwenden.

KARAMELLKÄSEKUCHEN

Auch wenn Käsekuchen kein typischer Weihnachtskuchen ist, passt er gut zum klassischen Weihnachtsgebäck. Diesen Karamellkäsekuchen kann man gut mit Feigen oder anderen Winterfrüchten dekorieren.

8–10 Stücke

Boden:
100 g Weizenmehl
1 Pr Salz
150 g zimmerwarme Butter
50 g Zucker
1 Eigelb
½ TL Vanillezucker
100 g Pekannüsse

Füllung:
400 g Frischkäse
3 große Eier
2 TL Vanillezucker
150 g Zucker

Schokoladendecke:
100 g dunkle Schokolade
50 g Schlagsahne

Den Ofen auf 175 °C vorheizen. Mehl und Salz in einer Schüssel mischen. Butter und Zucker hell und schaumig schlagen. Eigelb und Vanillezucker untermischen. Mehl unterrühren und zu einem Teig verarbeiten. Den Teig in eine gefettete und bemehlte Springform mit ca. 24 cm Durchmesser drücken. Die Pekannüsse hacken und in den Teig drücken. Den Boden ca. 20 Minuten goldbraun backen.

Den Frischkäse mit einem elektrischen Rührgerät luftig schlagen. Eier und Vanillezucker untermischen. Den Zucker in einer große Pfanne mit dickem Boden ohne Umrühren bei schwacher Hitze schmelzen lassen. Anschließend mit einem Holzlöffel rühren, während der Zucker ein paar Minuten lang kocht, bis er goldgelb ist. Den flüssigen Zucker unter Rühren vorsichtig in den Frischkäseteig gießen. Dabei darauf achten, dass die heiße Masse nicht an die Topfränder oder an das Rührgerät kommt. Den Teig in die Springform geben. Den Kuchen 45–60 Minuten backen. Der Kuchen soll in der Mitte immer noch ein wenig weich sein, wenn er aus dem Ofen genommen wird. Ca. 30 Minuten abkühlen lassen.

Die Schokolade hacken. Die Sahne in einem Topf aufkochen lassen. Die Schokolade in eine Schüssel geben und die heiße Sahne darübergießen. Rühren, bis die Schokolade geschmolzen ist. Ein paar Minuten stehen lassen. Anschließend die Schokoladencreme geschmeidig rühren. Über den Kuchen gießen und vor dem Servieren ganz abkühlen lassen.

BANANENKÄSEKUCHEN AUF SCHOKOLADENBODEN

Dieser Favorit hat einen milden und ganz wunderbaren Bananengeschmack, der sich schön gegen die ein wenig säuerliche und frische Geleedecke abhebt.

8–10 Stücke

Boden:
300 g (2 Päckchen) Oreo-Kekse (Schokoladen-Doppelkekse mit Vanillecremefüllung)
150 g Butter

Füllung:
600 g Frischkäse
95 g Zucker
2 reife Bananen
4 Eier
1 EL Vanillezucker
Saft von 1 Zitrone

Decke:
100 ml Maracujasirup
200 ml Wasser
5 Gelatineblätter
3 Maracujas

Den Ofen auf 150 °C vorheizen. Die Kekse teilen und die Vanillecreme entfernen – sie wird nicht verwendet. Die Butter schmelzen. Die Kekse in einer Küchenmaschine zerkleinern und anschließend die Butter untermischen. Die Keksmasse auf den Boden einer Springform mit ca. 24 cm Durchmesser drücken. Alle Zutaten für die Füllung in der Küchenmaschine zu einer glatten Creme verarbeiten. Die Creme in die Form geben. Den Kuchen ca. 45 Minuten backen, bis die Creme gestockt ist. Abkühlen lassen.

Sirup und Wasser erwärmen. Die Gelatineblätter ca. 5 Minuten in kaltem Wasser einweichen. Anschließend herausnehmen, ausdrücken und abtropfen lassen. Nacheinander in den warmen, aber nicht heißen Saft einrühren. Die Flüssigkeit abkühlen lassen und warten, bis sie anfängt zu gelieren. Dann über dem Kuchen verteilen. Den Kuchen in den Kühlschrank stellen, bis er völlig erkaltet ist. Die Maracujas halbieren und das Fruchtfleisch auf den Kuchen löffeln, bevor er serviert wird.

Tipp!

Probieren Sie doch verschiedene Kekssorten für die Käsekuchenböden aus. Digestivekekse sind zwar die, die am meisten verwendet werden, aber versuchen Sie es ruhig einmal mit Schokoladenkeksen, Vollkornpfefferkuchen oder knusprigen Haferkeksen. Man kann auch Kakao, Vanille, geriebene Zitronenschale oder fein gehackte Nüsse in den Krümelteig mischen.

MANDELTORTE
MIT PUNSCHCREME UND NOUGAT

Servieren Sie diese festliche und knusprige Torte, die trotz ihres professionellen Aussehens ganz leicht zu machen ist. Sie ist perfekt für große Feste und hält sich ein paar Tage im Kühlschrank. Der Tortenboden ist fest und nussig, die Punschcreme dagegen mild und buttrig. Das Mandelnougat gibt einen perfekten Biss.

8–10 Stücke

Boden:
200 g Mandeln
190 g Zucker
4 Eiweiß

Punschcreme:
200 g Schlagsahne
4 Eigelb
95 g Zucker
50 g Butter
1 Pr Salz
3 EL Schwedenpunsch (Likör)

Nougat:
95 g Zucker
130 g gehackte Mandeln

Den Ofen auf 175 °C vorheizen. Eine Springform mit 24–26 cm Durchmesser einfetten. Den Boden der Form mit Backpapier belegen. Unter dem Backpapier sollte Butter sein; dann verrutscht das Papier nicht und der Boden löst sich später leichter. Die Mandeln sehr fein mahlen. Die gemahlenen Mandeln mit dem Zucker mischen. Das Eiweiß schlagen, bis es Spitzen bekommt, und anschließend die Zucker-Mandel-Mischung unterrühren. Den Teig in die Form geben und ca. 30 Minuten backen. Den Boden ein wenig abkühlen lassen, bevor das Papier abgezogen und der Kuchen auf eine Tortenplatte gelegt wird. Ganz abkühlen lassen.

Sahne, Eigelb, Zucker, Butter und Salz in einem Topf mischen. Unter ständigem Rühren bei mittlerer Hitze zu einer dicken Creme schlagen, sie darf auf keinen Fall kochen. Zum Schluss den Schwedenpunsch unterrühren und die Creme in eine Schüssel füllen. Die Creme kann sich locker anfühlen, aber nach einer Stunde im Kühlschrank wird sie fester.

Während die Creme abkühlt und die richtige Konsistenz bekommt, das Mandelnougat zubereiten. Ein Backpapier einfetten. Den Zucker in eine Bratpfanne geben. Schmelzen und bei schwacher Hitze unter Rühren köcheln las-

sen. Die Mandeln hinzufügen, wenn der Zucker hellbraun ist und alle Zuckerklumpen geschmolzen sind. Die Masse sofort auf das Backpapier gießen und abkühlen lassen.

Das Nougat zerbrechen und grob hacken. Die Creme auf dem Tortenboden verteilen und das Nougat darüberstreuen. Die Torte bis zum Servieren kühl aufbewahren.

WALNUSS-SCHOKOLADEN-KUCHEN

Walnüsse, Mandelmasse und Schokolade – gute Zutaten, die man in der Weihnachtszeit oft zu Hause hat und die gut in viele Bäckereien passen. Dieser Kuchen ist kompakt und wird am besten in kleinen Stücken serviert. Er schmeckt wundervoll zum Glögg und ist außerdem lange haltbar.

8–10 Stücke

Boden:
125 g kalte Butter
60 g Puderzucker
1 Ei
200 g Weizenmehl

Füllung:
150 g Mandelmasse oder Marzipan
190 g Zucker

125 g zimmerwarme Butter
2 Eier
2 EL Weizenmehl
100 g dunkle Schokolade
200 g Wal- oder Haselnüsse

Glasur:
ca. 75 g dunkle Schokolade

Alle Zutaten für den Boden in der Küchenmaschine zu einer Kugel verarbeiten. Die Teigkugel flach drücken und in Frischhaltefolie wickeln. Mindestens 30 Minuten in den Kühlschrank legen.

Den Ofen auf 200 °C vorheizen. Eine Springform mit ca. 26 cm Durchmesser einfetten und bemehlen. Den Teig zwischen leicht bemehlten Stücken Frischhaltefolie ausrollen. Dann in die Form legen und gleichmäßig hineindrücken.

Die Mandelmasse grob reiben und mit Zucker zu einer krümeligen Masse mischen. Die weiche Butter unterrühren. Die Eier nacheinander hinzufügen. Mehl, gehackte Schokolade und grob gehackte Nüsse vermischen und in den Teig einrühren. Den Teig auf den Boden geben. 40 Minuten backen, bis sich die Füllung gummiartig anfühlt, wenn man mit einem Finger leicht darauf drückt. Den Kuchen abkühlen lassen.

Die Schokolade schmelzen und über den Kuchen verteilen. Am besten mit etwas geschlagener Sahne und ein wenig Kakaopulver servieren.

Tipp!
Der Kuchen lässt sich gut im Kühlschrank aufbewahren, aber lassen Sie ihn 1 Stunde draußen stehen, bevor Sie ihn servieren.

WEISSER SCHOKOLADENKUCHEN MIT FEIGEN

Diesen fantastischen Schokoladenkuchen habe ich zum ersten Mal in London bei Books for Cooks gegessen, einem kleinen Geschäft, das Kochbücher aus der ganzen Welt verkauft. Die Kombination von weißer Schokolade, süßem Likör und saftigen Feigen ist fantastisch. Am besten wird der Kuchen, wenn man ihn eine Weile bei Zimmertemperatur stehen lässt, bevor man ihn aufschneidet. Nicht zu lange im Ofen stehen lassen. Wie beim Backen von Brownies gilt hier, dass der Kuchen aus dem Ofen muss, wenn der Teig gerade „gestockt" ist, sich aber immer noch ein bisschen bewegt, wenn man gegen die Form stößt.

12 Stücke

250 g weiße Schokolade
250 g zimmerwarme Butter
330 g Zucker
4 Eier
135 ml Filmjölk oder Schwedenmilch
150 g Weizenmehl
2 TL Backpulver
125 ml süßer Sherry oder Likör

Schokoladenglasur:
125 g Schlagsahne
Geriebene Schale von 1 Zitrone
200 g weiße Schokolade
Frische Feigen

Den Ofen auf 175 °C vorheizen. Den Boden und die Ränder einer gefetteten Springform mit 24 cm Durchmesser mit Backpapier auslegen. Die Form soll so gefettet werden, dass das Papier kleben bleibt und nicht verrutscht, wenn man den Teig hineingibt.

Die Schokolade bei schwacher Hitze in einem Topf oder in der Mikrowelle vorsichtig schmelzen, sie brennt leicht an. Butter und Zucker hell und schaumig schlagen. Die verquirlten Eier nacheinander hinzufügen. Gut schlagen. Die Schwedenmilch einrühren. Es sieht so aus, als ob alles geronnen wäre, aber das ist normal. Das mit Backpulver vermischte Mehl unter ständigem Rühren zugeben. Die Hälfte des Sherrys und die abgekühlte geschmolzene Schokolade hinzufügen. Den Teig in die Kuchenform geben und 1–1 ½ Stunden backen. Stäbchenprobe machen. Der Kuchen soll ein bisschen klebrig sein. Eventuell muss man ihn nach ca. 45 Minuten mit etwas Alufolie bedecken, damit er nicht zu dunkel wird. Herausnehmen und ca. 25 Minuten in der Form ruhen lassen.

Den Kuchen auf ein Kuchengitter stürzen und einen Teller darunter stellen, um eventuell überschüssige Flüssigkeit aufzufangen. Diese gleichmäßig über den warmen Kuchen verteilen.

Sahne und Zitronenschale aufkochen. Den Topf vom Herd nehmen und die Sahne 30 Minuten ziehen lassen. Durch ein Sieb gießen. Die Schokolade in Stücke brechen. Die Sahne noch einmal aufkochen und über die Schokolade gießen. Ca. 5 Minuten stehen lassen, bis die Schokolade geschmolzen ist. Vorsichtig rühren und abkühlen lassen.

Die Schokoladencreme über den völlig ausgekühlten Kuchen gießen. Kühl stellen, sodass die Glasur fest wird. Mit frischen Feigen servieren. Am besten vor dem Servieren mit Puderzucker bestreuen.

TORTA DELLA NONNA

„Torta della Nonna" heißt auf italienisch „Großmutters Kuchen", und so gut wie jede Familie hat ihr eigenes Rezept. Dieser wunderbare Mürbteigkuchen erinnert im Geschmack an Vanilleherzen. Den Teig am besten per Hand kneten, die Wärme der Hände tut ihm gut.

8–10 Stücke

Füllung:
1 Vanilleschote
250 ml Vollmilch
3 Eigelb
95 g Zucker
50 g Ricotta
2 EL Weizenmehl
evtl. 2 EL Cointreau (Orangenlikör)

Teig:
200 g Weizenmehl

120 g Zucker
1 TL Backpulver
¼ TL Salz
8 EL kalte Butter in kleineren Stücken
1 Ei
1 TL Vanillezucker

Zum Bestreichen:
1 Ei + etwas Wasser
25 g Pinienkerne
Puderzucker

Die Vanilleschote der Länge nach öffnen und das Mark herausschaben. Mark und Vanilleschote mit der Milch in einem Topf mit dickem Boden erhitzen, bis die Milch gerade zu kochen anfängt. Dann den Topf von der Platte nehmen.

Eigelb, Zucker und Ricotta in einer Schüssel weiß-schaumig schlagen. Anschließend nach und nach das Mehl hinzufügen. Die Vanilleschote aus der Milch nehmen und entsorgen. Die Milch vorsichtig in die Masse einrühren. Die Creme in den Topf gießen. Unter ständigem Rühren mit dem Schneebesen erhitzen, bis sie gerade zu kochen beginnt. Dann unter Rühren 1 Minute sieden lassen. Anschließend die Creme in eine Schüssel geben und eventuell Cointreau untermischen. Die Schüssel mit Frischhaltefolie bedecken und ca. 1 Stunde in den Kühlschrank stellen.

Den Ofen auf 175 °C vorheizen. Eine Springform mit 24 cm Durchmesser einfetten. Weizenmehl, Zucker, Backpulver und Salz vermischen. Danach die Butter hineinkneten. Per Hand oder im Mixer mischen. Zum Schluss das leicht verquirlte Ei und den Vanillezucker mit einkneten. Den Teig halbieren. Die Form mit einer Hälfte auskleiden. Den Teig am Rand ungefähr 2 ½ cm nach oben drücken. Die Creme in die Form gießen und darauf achten, dass der Teig ca. 1 cm über die Creme hinausragt.

Den restlichen Teig auf einer bemehlten Arbeitsfläche in der Größe der Form ausrollen. Das geht leichter zwischen zwei Lagen bemehlter Frischhaltefolie. Die Creme mit den Teigdeckel bedecken und die Ränder zusammendrücken. Eventuelle Unebenheiten gleichen sich im Ofen aus.

Das Ei mit ein wenig Wasser verquirlen und den Deckel mit der Mischung bestreichen. Pinienkerne darüberstreuen. Mit einem scharfen Messer kleine Luftlöcher in den Deckel schneiden, sodass der Wasserdampf beim Backen entweichen kann. Ca. 35 Minuten backen, bis der Kuchen goldbraun ist. Abkühlen lassen und mit reichlich Puderzucker bestäuben.

Tipp!

Die Creme lässt sich statt mit Cointreau auch gut mit Schokolade vermischen: 50 g dunkle Schokolade bei schwacher Hitze schmelzen. Die geschmolzene Schokolade in die Vanillecreme einrühren. Will man noch mehr Schokoladengeschmack, kann man 2–3 EL Kakao ins Mehl mischen, wenn man den Teig macht.

APFELSTRUDEL MIT PFEFFERKUCHENEIS

Apfel im Gebäck ist immer lecker und funktioniert das ganze Jahr über gut. Am besten säuerliche Winteräpfel nehmen. Apfelstrudel lässt mich an Skipisten und Österreich denken. Dies ist eine vereinfachte Variante. Dazu Pfefferkucheneis servieren.

4–6 Stücke

Pfefferkucheneis:
500 ml Milch
1 EL Pfefferkuchengewürz
 (Gewürzmischung aus Zimt,
 Kardamom, Ingwer, Nelken)
30 g dunkler Muscovadozucker
1 Pr Salz
95 g Zucker
2 Eier

Apfelstrudel:
4–5 Scheiben Blätterteig
60 g Semmelbrösel
65 g fein gehackte Mandeln
1 EL und 50 g Butter
4 säuerliche Äpfel
30 g Rohzucker
1–2 TL Zimt
30 g Rosinen
Fein geriebene Schale von 1 Zitrone
30 g grob gehackte Mandeln
2 EL Puderzucker

Milch, Gewürze, Muscovadozucker, Salz und 10 g Zucker in einem Topf mischen. Aufkochen und ca. 10 Minuten sieden lassen. Anschließend den Topf von der Platte nehmen und abkühlen lassen. Eier mit dem restlichen Zucker weiß-schaumig schlagen. Dann die Milchmischung unterrühren. Den Teig erhitzen und rühren, bis er dick wird. Nicht kochen. Den Topf von der Platte nehmen und den Teig durch ein Sieb gießen. Im Kühlschrank erkalten lassen. Hin und wieder umrühren. Das Eis in einer Eismaschine cremig frieren lassen. Dann in einer gekühlten Schüssel noch einige Stunden einfrieren.

 Den Blätterteig auftauen, falls er tiefgefroren ist. Semmelbrösel und Mandeln in 1 EL Butter rösten, bis die Mandeln leicht goldbraun sind. Beiseite stellen. Die Äpfel schälen, entkernen und in kleine Würfel schneiden. Äpfel, Rohzucker, Zimt, Rosinen, Zitronenschale und die grob gehackten Mandeln in einer Schüssel mischen. Den Ofen auf 200 °C vorheizen. Die restliche Butter schmelzen. Den Blätterteig auf der Arbeitsfläche auslegen. Zuerst eine Scheibe mit geschmolzener Butter bestreichen. Dann eine weitere Scheibe darauf legen und wieder bestreichen. Mit den restlichen Blätterteigscheiben wiederholen. Die Mandel-

streusel mit der Apfelmischung vermischen. Auf dem Blätterteig verteilen. Zu einer kompakten Rolle zusammenrollen und in eine gefettete Kastenform legen. Die Blätterteigrolle mit dem Rest der Butter bestreichen. 20–25 Minuten backen, bis der Strudel knusprig und golden ist. Am besten mit ein wenig Puderzucker bestäubt servieren.

SCHOKOLADENTRÜFFELPIE
MIT BIRNEN-INGWER-MARMELADE

Der Pieboden ist knusprig und hat einen intensiven Schokoladengeschmack. Darauf die intensive, süßscharfe Birnenmarmelade und der cremige Schokoladentrüffel – eine aufregende Geschmackskombination.

10–12 Stücke

Birnen-Ingwer-Marmelade:
2 kg reife Birnen
100 g eingelegter Ingwer
Schale und Saft von 1 Zitrone
1–2 TL fein geriebener frischer Ingwer
1 kg Gelierzucker

Pieteig:
150 g Weizenmehl
50 g Zucker
100 g Butter
1 Eigelb
3 EL Kakao

Schokoladentrüffelfüllung:
250 g Butter
250 g dunkle Schokolade
280 g Zucker
4 Eigelb
4 EL Kakao
50 g Weizenmehl
1 Pr Salz
4 Eiweiß

Am besten, man macht die Marmelade einen oder ein paar Tage im Voraus. Die Birnen schälen und entkernen. In kleinere Stücke schneiden. Den eingelegten Ingwer grob hacken. Alle Zutaten vermischen und aufkochen. Die Marmelade ca. 20 Minuten kochen lassen. Anschließend in saubere Gläser mit Deckel füllen und im Kühlschrank aufbewahren.

Die Zutaten für den Pieteig mit dem elektrischen Handrührgerät oder von Hand verkneten. Eventuell 1–2 EL Wasser hinzufügen. Den Teig 30 Minuten im Kühlschrank ruhen lassen.

Den Ofen auf 225 °C vorheizen. Eine Pieform mit ca. 26 cm Durchmesser einfetten. Den Teig etwas größer ausrollen und hineinlegen, den Rand festdrücken oder mit Alufolie befestigen. Den Boden mit einer Gabel mehrmals einstechen. 10–15 Minuten backen. Dann den Pieboden aus dem Ofen nehmen und die Ofentemperatur auf 150 °C senken.

Butter und Schokolade bei sehr geringer Hitze in einem Topf schmelzen. Den Zucker einrühren und die Masse etwas abkühlen lassen. Vorsichtig nacheinander die Eigelbe unterrühren. Kakao, Mehl und Salz mischen. In die Schokoladencreme rühren. Eiweiß steif schlagen und vorsichtig unter den Teig heben.

Ca. 100 ml Marmelade auf den Pieboden streichen und anschließend den Teig darübergießen. Den Pie ca. 50 Minuten backen.

TOFFEEPIE MIT SCHOKOLADENTRÜFFEL

Ein Pralinenpie mit himmlisch gutem Trüffel aus dunkler Schokolade. Servieren Sie diesen Pie in kleinen Stücken als Weihnachtskonfekt oder zum Kaffee nach einem guten Essen.

8–10 Stücke
....

Mürbteigboden:
150 g Weizenmehl
100 g Butter
2 EL Zucker
1 Eigelb

Toffeefüllung:
1 Vanilleschote
200 g Schlagsahne
140 g Zucker
100 ml heller Sirup
2 EL Rohrzucker
2 EL Honig
200 g Butter

Schokoladentrüffel:
200 g dunkle Schokolade
100 g Schlagsahne
2 EL Butter

Den Ofen auf 200 °C vorheizen. Alle Zutaten für den Boden in einer Teigknetmaschine zu einer Kugel verarbeiten. Den Teig ausrollen und in eine Springform mit ca. 26 cm Durchmesser drücken. Einen Rand formen. Den Boden 20 Minuten backen.

Die Vanilleschote der Länge nach öffnen und das Mark herauskratzen. Vanilleschote, Mark, Schlagsahne, Zucker, Sirup, Rohrzucker und Honig in einem Topf mischen. Bei schwacher Hitze ca. 25 Minuten köcheln lassen. Die Vanilleschote herausnehmen und entsorgen. Nach und nach die Butter in kleinen Portionen in die Creme rühren. Die Creme etwas abkühlen lassen.

Anschließend über den gebackenen Boden gießen. Den Pie in den Kühlschrank stellen.

Die Schokolade in Stücke brechen und über einem Wasserbad oder in der Mikrowelle schmelzen. Die Sahne zusammen mit der Butter aufkochen. Die Mischung unter Rühren in die geschmolzene Schokolade gießen. Die Trüffelcreme etwas abkühlen lassen. Den Trüffel auf dem Toffee verteilen. Den Pie kalt stellen.

ROTER SAMTKUCHEN

Dies ist ein amerikanischer Kuchen mit Ursprung in New Orleans. In den USA wird er Red Velvet Cake, Devil's Food Cake, Waldorf Astoria Cake oder 100 Dollar Cake genannt. Die rote Farbe, die heutzutage aus Lebensmittelfarbe besteht, stammte vermutlich von Kakao, der am Anfang des vorigen Jahrhunderts auf eine andere Art produziert wurde und daher eine rötliche Farbe hatte. Eine andere Theorie ist, dass der Kuchen Rote Bete enthielt.

12–16 Stücke

Teig:
285 g Zucker
150 g Butter
3 Eier
200 g Weizenmehl
1 TL Backpulver
½ TL Salz
25 g Kakao
2 TL Vanillezucker
1 TL Backpulver

250 ml Filmjölk oder Schwedenmilch
1–2 EL rote Lebensmittelfarbe
1 TL Essig

Glasur:
225 g Frischkäse
225 g Mascarpone
1 TL Vanillezucker
Puderzucker
400 g Schlagsahne

Den Ofen auf 175 °C vorheizen. Eine Gugelhupfform mit 24–26 cm Durchmesser einfetten. Butter und Zucker mit einem elektrischen Handrührgerät ca. 5 Minuten schaumig schlagen. Die Eier nacheinander hinzufügen und den Teig luftig schlagen. Die trockenen Zutaten in einer separaten Schüssel vermischen. Die Mehlmischung in den Teig sieben. Filmjölk oder Schwedenmilch, Lebensmittelfarbe und Essig miteinander verrühren. Die Mischung unter den Teig heben und glatt rühren. Den Teig in die Form gießen und ca. 40 Minuten backen. Stäbchenprobe machen. Den Kuchen etwas abkühlen lassen. Dann auf ein Kuchengitter stürzen und vollständig auskühlen lassen.

Alle Zutaten für die Glasur außer der Sahne in einer Küchenmaschine gut verrühren. Die Sahne schlagen und nach und nach in die Frischkäsecreme einrühren. Wenn die Glasur nicht dick genug ist, um auf den Kuchen gestrichen zu werden, kann man sie in eine Schüssel füllen und im Kühlschrank zur richtigen Konsistenz erstarren lassen. Den Kuchen mit der Glasur bestreichen und kalt stellen.

SCHOKOLADENKUCHEN
MIT KAFFEESIRUP UND DATTELN

Dem wahren Schokoladenliebhaber sei dieser fantastische Kuchen ans Herz gelegt. Die Konsistenz ist kompakt, aber luftig. Kaffeesirup und Datteln verleihen einen besonderen Geschmack.

Den Ofen auf 175 °C vorheizen. Eine Kastenform mit 30 cm Länge (2 l) einfetten und bemehlen. Die Schokolade in grobe Stücke brechen. Butter und Schokolade bei schwacher Hitze in einem Topf mit dickem Boden schmelzen. Kakao unterrühren. Eier, Zucker, Vanillezucker und Salz verquirlen. Es soll nicht weiß und luftig werden, sondern nur vermischt. Die Mischung in die geschmolzene Schokolade einrühren. Nach und nach das Mehl untermischen. Das heiße Wasser unter Rühren in den Teig gießen. Den Teig in die Form füllen und ca. 45 Minuten backen.

Kaffee, Zucker und Sternanis in einem Topf mit dickem Boden erhitzen, bis der Zucker geschmolzen ist. Nicht zu viel umrühren. Die Temperatur erhöhen und 2–3 Minuten kochen, bis der Sirup etwas eingedickt ist. Den Likör einrühren. Den Topf von der Platte nehmen, aber den Sirup lauwarm halten.

Mithilfe eines Stäbchens kleine Löcher in den Kuchen stechen. Die Hälfte des Kaffeesirups darübergießen, vor allem in die Löcher. Den Kuchen lauwarm mit Datteln, dem restlichen Kaffeesirup und, wer mag, kalter geschlagener Sahne servieren.

225 g Butter
200 g dunkle Schokolade
   (70 % Kakaogehalt)
120 g Kakao
2 große Eier
285 g Zucker
120 g Rohzucker
2 TL Vanillezucker
1 Pr Salz
200 g extra feines Weizenmehl
250 ml kochendes Wasser
60–120 g entsteinte und
   halbierte Datteln

Kaffeesirup:
50 ml starker schwarzer Kaffee,
   gerne Espresso
200 g Zucker
1 ganzer Sternanis
2 EL Kaffeelikör

PFEFFERKUCHENQUADRATE MIT FRISCHKÄSE UND PREISELBEEREN

Exotische Gewürze wie Zimt, Kardamom, Ingwer und Gewürznelken schaffen einen unserer schwedischsten Kuchen, nämlich weichen Pfefferkuchen. Das säuerliche Topping aus Frischkäse macht den Kuchen frisch im Geschmack.

Ca. 16 Stücke

Pfefferkuchen:
200 g zimmerwarme Butter
380 g Zucker
4 Eier
300 g saure Sahne
200 g Weizenmehl
2–3 EL Pfefferkuchengewürz
  (Gewürzmischung aus Zimt,
  Kardamom, Ingwer, Nelken)
2 TL Natron

Glasur:
200 g Frischkäse
50 g zimmerwarme Butter
120 g Puderzucker
2 TL Vanillezucker
120–180 g gefrorene Preiselbeeren zum
  Garnieren

Den Ofen auf 175 °C vorheizen. Butter und Zucker schaumig schlagen. Die Eier nacheinander unterrühren. Saure Sahne hinzufügen. Mehl, Pfefferkuchengewürz und Natron miteinander vermischen. Hinzufügen und alles zu einem gleichmäßigen Teig verrühren. Ein Backblech mit hohem Rand mit Backpapier auslegen. Den Teig hineingeben und ca. 30 Minuten backen.

Alle Zutaten für die Glasur miteinander verrühren. Den Kuchen ganz abkühlen lassen und dann die Glasur darauf streichen. Den Kuchen in Quadrate schneiden und Preiselbeeren darüberstreuen.

Tipp!
Der Kuchen passt im Sommer genauso gut, dann kann man die Preiselbeeren durch frische Himbeeren ersetzen. Natron passt am besten in Teige mit saurem Zusatz wie saure Sahne. In „normalem" Sandkuchen kann es eine unschöne braungrüne Färbung verursachen. Deshalb wird Natron vor allem in etwas dunkleren Kuchen wie weichem Pfefferkuchen und Karottenkuchen verwendet.

Tipp!
Man kann beim Backen gut eine altmodische Nussmühle statt einer Küchenmaschine verwenden, dann wird der Kuchen nicht so kompakt. Den Kuchen nicht in einer zu kleinen und hohen Form backen, sonst backt er nicht richtig durch.

BANANEN-HASELNUSS-KUCHEN

Bananenkuchen ist so unglaublich lecker. Die Haselnüsse machen ihn saftig und haltbar. Will man noch mehr Schokoladengeschmack, dann kann man wunderbar 100 g grob gehackte Schokolade seiner Wahl untermischen.

8–10 Stücke

Teig:
2 große oder 3 kleine Bananen
190 g Zucker
65 g Haselnüsse
100 g Butter
1 Ei
2 EL Kaffeesahne
125 g Weizenmehl
1 EL Vanillezucker
1 TL Backpulver
1 TL Natron

Schokoladendecke:
100 g Milch-, dunkle oder weiße Schokolade

Gebrannte Nüsse:
100 g Haselnüsse
2–3 EL Rohzucker

Für die gebrannten Nüsse ein gefettetes Backpapier auf die Arbeitsfläche legen. Die Haselnüsse in einer Pfanne ohne Fett rösten, bis sie duften und die Schale sich löst. In einem sauberen Handtuch reiben, bis die Schale gelöst ist. Rohzucker in der Pfanne schmelzen und braun werden lassen. Dann die Nüsse untermischen. Sofort auf das Backpapier schütten. Die Nüsse mithilfe einer Gabel voneinander trennen und abkühlen lassen.

Den Ofen auf 200 °C vorheizen. Die Bananen zerdrücken und mit dem Zucker verrühren. Die Nüsse in einer Nussmühle mahlen. Die Butter schmelzen. Bananen, Ei, Kaffeesahne, Butter und gemahlene Nüssen vermischen. Die trockenen Zutaten mischen und mit der Bananenmasse verrühren. Eine Gugelhupfform mit ca. 24 cm Durchmesser einfetten und mit Semmelbröseln ausstreuen. Den Teig hineingeben. Auf der mittleren Schiene des Ofens ca. 30 Minuten backen. Den Kuchen herausnehmen und abkühlen lassen.

Die Schokolade bei schwacher Hitze in einem Topf schmelzen und über den Kuchen löffeln. Die gebrannten Nüsse über die Schokolade streuen, bevor sie ganz fest geworden ist.

KIRSCH-MANDEL-KUCHEN
MIT SCHOKOLADENGLASUR

Wie eine Schokoladenpraline für Erwachsene – Mandeln, Schokolade, Rum und Kirschen. Luxuriöser Kuchen mit langer Haltbarkeit.

10-12 Stücke

240 g Zucker
200 g Butter
4 Eier
200 g Mandeln
100 g dunkle Schokolade
50 ml heller oder dunkler Rum
2 TL Backpulver
75 g Weizenmehl

300 g frische Kirschen, 250 g Kirschen aus dem Glas (gut abgetropft) oder 250 g Kirschmarmelade mit ganzen Früchten

Glasur:
100 ml Milch
200 g dunkle Schokolade
2 Eigelb
50 g zimmerwarme Butter

Den Ofen auf 175 °C vorheizen. Eine Springform mit 24–26 cm Durchmesser einfetten und mit Backpapier auskleiden. Butter und Zucker schaumig schlagen. Die Eier nacheinander unterrühren. Die Mandeln in einer Nussmühle oder in einer Küchenmaschine sehr fein mahlen. Die Schokolade grob hacken. Gemahlene Mandeln, Schokoladenstücke und Rum unter die Buttermasse mischen. Rühren, bis alles gut vermischt ist. Backpulver und Mehl mischen und in die Buttermasse rühren. Die Kirschen entsteinen, falls frische verwendet werden, und in den Teig geben. Den Teig in die Form geben und ca. 45 Minuten backen. Stäbchenprobe machen. Den Kuchen aus der Form lösen und auf einem Kuchengitter abkühlen lassen.

    Die Milch in einem Topf erhitzen. Die Schokolade in Stücke brechen und in der Milch schmelzen lassen. Eigelb in einer Schüssel verquirlen. Die Hälfte der Schokoladenmilch in das Eigelb einrühren. Dann unter Rühren alles in den Topf zurückgießen. Unter kräftigem Rühren 1–2 Minuten sieden lassen. Zum Schluss die zimmerwarme Butter stückchenweise einrühren. Den Kuchen und die Schokoladencreme ganz abkühlen lassen. Den Kuchen mit der Creme glasieren und kalt stellen.

Tipp!

Vielleicht haben Sie das große Glück, den ganzen Gefrierschrank voller entsteinter Kirschen zu haben? Wenn nicht, dann sollten Sie dieses Rezept bis zum Sommer aufheben: 300 g entsteinte Kirschen, 200 g Zucker und 50 g Butter in einem Topf vermischen. Aufkochen und die Soße warm oder kalt servieren. Sie schmeckt unter anderem fantastisch zu griechischem Joghurt, Eis oder Milchreis.

KAROTTENMUFFINS MIT LIMETTENCREME

Zur Abwechslung kann es Spaß machen, den geliebten Karottenkuchen als Muffins zu servieren. Sie werden fast wie kleine Törtchen. Karotten und Nüsse machen die Kuchen besonders haltbar und saftig. Wenn ich Muffins backe, benutze ich meistens Papierformen in geformten Muffinblechen, die es in verschiedenen Größen gibt. Die Menge kann zwischen 50 und 100 ml Teig variieren. Große Muffins werden bei 150–175 °C 20–40 Minuten gebacken, kleinere Muffins bei 200–225 °C 12–20 Minuten. Sie werden leicht zu trocken, wenn sie zu lange gebacken werden.

Ca. 14 Stück

150 g extra feines Weizenmehl
1 EL gemahlener Zimt
120 g Rohzucker
3 Eier
175 g zimmerwarme Butter oder 200 ml Rapsöl
200 g geriebene Karotten
50 g Walnüsse

Glasur:
300 g Frischkäse
150 g zimmerwarme Butter
240 g Puderzucker
1 EL Vanillezucker
Schale und Saft von 2–3 Limetten oder 1 Zitrone

Den Ofen auf 200 °C vorheizen. Die trockenen Zutaten in einer Schüssel miteinander vermischen. Eier und Butter hinzufügen. Verrühren, bis die Mischung glatt ist. Dann Karotten und grob gehackte Nüsse dazugeben. Den Teig in die Muffinformen verteilen. Auf der mittleren Schiene des Ofens 15–20 Minuten backen. Fertig sind die Muffins, wenn sie auf Fingerdruck federn.

Alle Zutaten für die Glasur miteinander verrühren. Auf die abgekühlten Muffins streichen oder spritzen. Mit Zuckerstreuseln oder Walnusshälften dekorieren.

VERSCHNEITE MADELEINES

Bieten Sie zum Kaffee oder Tee doch einen Berg verschneiter Madeleines an. Marcel Proust machte dieses Gebäck durch sein Werk „Auf der Suche nach der verlorenen Zeit" berühmt, in dem der Duft und Geschmack von Madeleines, in Lindenblütentee getaucht, die Kindheitserinnerungen wieder erwecken.

Das Gebäck wird traditionell in Schnecken- bzw. Muschelformen gebacken, aber man kann natürlich auch andere kleine Metallformen oder Muffinformen benutzen. Die Formen sollten mit reichlich geschmolzener Butter bestrichen werden.

Ca. 40 Stück

250 g Butter	225 g Weizenmehl
6 Eier	100 g Butter für die Formen
285 g Zucker	2–3 EL Puderzucker
Fein geriebene Schale und Saft von 1 Zitrone	

Den Ofen auf 200 °C vorheizen. Die Butter in einem Topf schmelzen und beiseite stellen. Eigelb und Zucker weiß-schaumig schlagen. Geschmolzene Butter, Zitronenschale und -saft untermischen. Dann vorsichtig nach und nach das Mehl unterrühren. Das Eiweiß steif schlagen und vorsichtig unterheben. Die Formen mit der geschmolzenen Butter einfetten und maximal bis zur Hälfte mit Teig füllen. Die Gebäckstücke auf der mittleren Schiene des Ofens ca. 12 Minuten backen. Etwas abkühlen lassen und anschließend mit Puderzucker bestäuben.

WÄRMENDES SCHOKOLADENGETRÄNK

4–6 Gläser

1 l Milch	200 g dunkle Schokolade
1 Zimtstange	100 ml Frucht- oder Beerenlikör
3–4 ganze getrocknete Piri-Piri (kleine Chilischoten)	200 g Schlagsahne
	Kakao

Milch, zerstoßenen Zimt und ganze Chilischoten in einem Topf aufkochen und dann 5 Minuten ziehen lassen. Zimt und Chili aussieben. Die Schokolade grob hacken und in die heiße Milch geben. Das Getränk gerade noch einmal aufkochen lassen. Den Topf vom Herd nehmen und den Likör hinzufügen.
Die Sahne schlagen. Die Schokolade mit einem Klecks kakaobestäubter Sahne servieren.

Tipp!

Man kann aus diesem Teig auch gut Muffins oder leckeres Wintergebäck machen. Mit einem kleinen Klecks Joghurtcreme servieren: 200 g Frischkäse, 200 g Naturjoghurt oder cremigen griechischen Joghurt, 30 g Puderzucker, 1 EL Vanillezucker und 1 EL Zitronensaft miteinander verrühren.

FRISCHER ORANGENKUCHEN

Kardamom- und Orangenduft verbreitet sich in der Küche wie ein Vorbote von Weihnachten, wenn man diesen winterlichen Kuchen backt.

8–10 Stücke

Glasierte Orangenspalten:
3 Orangen
100 g Rohrzucker

Teig:
200 g Butter
380 g Zucker
5 Eier
2 TL gemahlener Kardamom
2 EL schwarze Mohnsamen
250 g Weizenmehl
2 TL Backpulver
½ TL Salz
200 g saure Sahne
2 EL Orangensaftkonzentrat
Saft und geriebene Schale von 1 Orange
Butter und Semmelbrösel für die Form

Glasur:
100 g Puderzucker
1 EL Orangensaft

2 Orangen schälen und in Scheiben schneiden. Den Zucker in einem Topf mit dickem Boden bei mittlerer Hitze schmelzen. Nicht umrühren, sondern den Topf nur schwenken, sodass der geschmolzene Zucker sich über den ganzen Boden verteilt. ½ Orange auspressen. Den Saft vorsichtig in den Zucker gießen. Zu einem goldfarbenen Karamell aufkochen lassen. Die Orangenscheiben hinzufügen und den Topf von der Platte nehmen. Nach 10 Minuten die Orangenscheiben auf ein Backpapier legen. Das restliche Karamell entsorgen.

Den Ofen auf 175 °C vorheizen. Butter und Zucker schaumig schlagen. Die Eier nacheinander hinzufügen. Die trockenen Zutaten in einer Schüssel mischen. Die Mehlmischung in die Eiermasse einrühren. Zum Schluss saure Sahne, Saftkonzentrat, Orangenschale und -saft dazugeben. Gut vermischen. Eine Kastenform mit 25–30 cm Länge (1 ½–2 l) einfetten und mit Semmelbröseln ausstreuen. Den Teig in die Form gießen und ca. 1 Stunde backen. Stäbchenprobe machen.

Puderzucker und 1 EL Saft aus der übrigen Orangenhälfte zu einer dicken Glasur vermischen. Die Glasur auf dem warmen Kuchen verteilen. Mit den Orangenscheiben dekorieren. Den Kuchen vor dem Aufschneiden abkühlen lassen.

ZIMTBROWNIES MIT SAFRANGLASUR

In Schweden nennt man einen richtig weichen und saftigen Kuchen Kladdkaka, aber in den USA heißen die Kuchen Brownies. Viele amerikanische Kinder beginnen den Weihnachtsmorgen mit einem herrlich saftigen Schokoladenbrownie.

Ca. 12 Stücke

Teig:
150 g dunkle Schokolade (70 % Kakaogehalt)
200 g Butter
380 g Zucker
4 Eier
1 EL Zimt
100 g Weizenmehl
100 g geschälte Pistazien

Glasur:
¼ g Safran
100 g Schlagsahne
200 g weiße Schokolade

Den Ofen auf 220 °C vorheizen. Eine ofenfeste Form, ca. 20 × 30 cm groß, einfetten. Die Schokolade hacken und bei schwacher Hitze zusammen mit der Butter in einem Topf schmelzen. Zucker, Eier und Zimt hell-schaumig schlagen. Die geschmolzene Schokolade unterrühren. Das Mehl hineinsieben und rühren, bis der Teig glatt ist. Die Pistazien hacken und ebenfalls einrühren. Den Teig in die Form gießen und ca. 25 Minuten backen. Die Brownies sollen innen noch klebrig, aber außen fest sein. Abkühlen lassen.

  Safran und Sahne aufkochen. Den Topf vom Herd nehmen. Die Sahne 30 Minuten ziehen lassen. Erneut aufkochen und beiseitestellen. Die Schokolade hacken und in die Safransahne einrühren. Die Glasur etwas fest werden lassen, bevor sie auf den kalten Kuchen gestrichen wird.

SAFTIGE SCHOKOMUFFINS MIT FUDGE UND KOKOS

Kleine feine Muffins mit einem saftigen Kern. Lauwarm mit kalter geschlagener Sahne oder Vanilleeis servieren. Man kann auch gut geriebene Kokosnuss oder etwas gröbere Kokosflocken (gibt es im Bioladen) darüberstreuen.

12–16 Stück

Teig:
200 g Butter
4 Eier
475 g Zucker
125 g Weizenmehl
65 g geriebene Kokosnuss
1 EL Vanillezucker
1 Pr Salz

75 g Kakao
50–60 g Kokosflocken

Glasur:
100 g dunkle Schokolade
25 g Butter
2 EL heller Sirup
30 g Sahne

Den Ofen auf 200 °C vorheizen. Die Butter schmelzen. Eier und Zucker miteinander verrühren. Nicht allzu schaumig schlagen. Die geschmolzene Butter in die Eiermasse einrühren. Die trockenen Zutaten mischen und alles zu einem Teig verrühren. Die Muffinformen zu drei Vierteln füllen und die Muffins 8–10 Minuten backen, nicht länger.

Die Schokolade grob hacken. Butter, Sirup und Sahne aufkochen. Den Topf vom Herd nehmen und die Schokolade einrühren. Die abgekühlten Muffins mit der Schokoladenglasur überziehen.

BROWNIES MIT KOKOSDECKE

Saftige Schokoladenbrownies, bedeckt von einer karamelligen Kokosdecke. Am besten gleich eine doppelte Portion backen, sie gehen meistens mit einer schwindelerregenden Schnelligkeit aus. Der Kuchen lässt sich gut einfrieren.

16–20 Stück

Teig:
200 g Butter
4 Eier
570 g Zucker
50 g Kakao
⅓ TL Salz
1 EL Vanillezucker
150 g Weizenmehl

Decke:
200 g Kokosflocken
190 g Zucker
100 ml heller Sirup
150 g Sahne
75 g Butter

Den Ofen auf 200 °C vorheizen. Ein Backblech mit hohem Rand einfetten und mit Backpapier auslegen. Die Butter in einem Topf schmelzen. Eier und Zucker mit einem elektrischen Handrührgerät weiß und schaumig schlagen. Kakao, Salz, Vanillezucker und Weizenmehl hinzufügen. Zu einem glatten Teig rühren. Die geschmolzene Butter hinzufügen und den Teig auf das Blech gießen. Ca. 10 Minuten backen. Währenddessen Kokos, Zucker, Sirup, Sahne und Butter unter Rühren zu einer dicken Masse einkochen. Die Form aus dem Ofen nehmen und die Kokosmasse über den noch klebrigen Kuchen streichen. Weitere 10–15 Minuten backen. Den Kuchen abkühlen lassen und in Vierecke schneiden.

SAFRANZOPF MIT QUARK

Weihnachtliches Hefegebäck wollen wir absolut nicht missen! Der besondere, ein wenig süßliche Duft von Safran versetzt uns außerdem schnell in Weihnachtsstimmung. Quark macht das Gebäck haltbarer, und Zöpfe sind saftiger als Kleingebäck wie Schnecken. Wenn man Schnecken backen will, sollte die Ofentemperatur 225 °C betragen.

4 Stück

1 g Safran
500 ml Milch
100 g Butter
50 g Hefe
250 g Quark (Viertelfettstufe oder Magerquark)
½ TL Salz
190 g Zucker
65 g große Sultaninen oder Korinthen
2 Eier
700–750 g Weizenmehl
2–3 EL Hagelzucker

Den Safran in 50 ml lauwarmer Milch auflösen. Die Butter in einem Topf schmelzen. Den Rest der Milch und die Safranmischung hineingießen. Die Flüssigkeit auf Körpertemperatur erwärmen. Die Hefe in einen Topf bröckeln und mit der Teigflüssigkeit anrühren. Quark, Salz, Zucker, Sultaninen und 1 Ei einrühren. Fast alles Mehl hinzufügen und den Teig gut kneten. 30 Minuten gehen lassen.

Den Teig auf einer leicht bemehlten Arbeitsfläche erneut kneten. In 12 gleich große Stücke teilen und zu ca. 30 cm langen Würsten rollen. Immer 3 Würste zusammenflechten. Die Zöpfe auf Bleche legen, die entweder gefettet oder mit Backpapier belegt sind. Weitere 30 Minuten gehen lassen.

Den Ofen auf 200 °C vorheizen. Das andere Ei verquirlen und die Zöpfe damit bestreichen. Hagelzucker darüberstreuen. Auf der unteren Schiene des Ofens 15–20 Minuten backen.

ZIMTSCHNECKEN

Auch wenn viele behaupten, dass Zimtschnecken schwedischen Ursprungs sind, ist dies hier ein traditionelles amerikanisches Rezept. Herrlich luftiges Gebäck mit einer Füllung aus Pekannüssen, Zimt und Rohrzucker. Die Schnecken werden zarter, wenn die Butter nicht geschmolzen, sondern wie im Rezept beschrieben in den Teig eingeknetet wird.

Ca. 40 Stück

Teig:
25 g Hefe
500 ml zimmerwarme Milch
½ TL Salz
140 g Zucker
1 Ei
Ca. 750 g Weizenmehl
150 g Butter
1 Ei zum Bestreichen

Füllung:
200 g Pekannüsse
150 g zimmerwarme Butter
90 g Rohrzucker
2 EL gemahlener Zimt
1 EL Vanillezucker

Glasur:
150 g Puderzucker
½ TL Vanillezucker
1–2 EL Orangensaft

Die Hefe in eine Schüssel bröckeln und die Milch dazugießen. Salz, Zucker und Ei einrühren. Das Mehl hinzufügen und zu einem Teig verarbeiten. Dann die Butter stückchenweise dazugeben und kneten, bis der Teig geschmeidig wird. Den Teig ca. 2 Stunden lang auf die doppelte Größe gehen lassen.

Die Nüsse hacken. 50 g Nüsse beiseitestellen. Alle Zutaten für die Füllung zusammenrühren. Den Teig auf eine bemehlte Arbeitsfläche geben und kneten, bis er sich vom Brett und den Händen löst. Eventuell noch etwas Mehl hinzufügen, aber der Teig darf auf keinen Fall zu kompakt werden. Den Teig halbieren und zu zwei rechteckigen Platten von ca. 30 × 40 cm auswalzen. Die Füllung auf den Teigplatten verteilen und von der langen Seite her zusammenrollen. Die Rollen in 2–3 cm dicke Scheiben schneiden. Die Schnecken in Papierformen, auf ein gefettetes Backblech oder Backpapier legen. Weitere 30 Minuten gehen lassen.

Den Ofen auf 250 °C vorheizen. Die Schnecken mit Ei bestreichen. Mit den restlichen gehackten Pekannüssen dekorieren. Auf der mittleren Schiene des Ofens 8–10 Minuten backen. Die Schnecken abkühlen lassen. Die Zutaten für die Glasur verrühren und über die Schnecken träufeln (siehe Bild S. 107).

VANILLEBREZELN

Verführerisch luftige und nach Vanille duftende Brezeln, die das ganze Jahr über gleich gut passen. Die besten Safranbrezeln der Welt bekommt man, wenn man ein halbes Gramm Safran in die Milch mischt.

Ca. 30 Stück

Teig:
200 g Butter
400 ml Milch
50 g Hefe
1 Ei
95 g Zucker
1 Pr Salz
1 Msp Hirschhornsalz
700–800 g Weizenmehl

Garnierung:
100 g geschmolzene Butter
95 g Zucker
60 g Puderzucker
2 EL Vanillezucker

Die Butter in einem Topf schmelzen und die Milch dazugießen. Die Flüssigkeit auf Körpertemperatur erwärmen. Die Hefe in eine Schüssel bröckeln. Die Teigflüssigkeit darübergießen und vermischen. Ei, Zucker, Salz, Hirschhornsalz und fast alles Mehl hinzufügen. Ein wenig zum Kneten aufheben. Den Teig rühren, bis er glatt und geschmeidig ist. Er soll ziemlich klebrig sein, muss aber zusammenhängen und sich von den Rändern der Schüssel lösen. Nicht zu viel zusätzliches Mehl hinzufügen, sonst könnten die Brezeln zu trocken werden. Den Teig zugedeckt ca. 30 Minuten gehen lassen.

Auf einer bemehlten Arbeitsfläche geschmeidig kneten. Falls nötig, das restliche Mehl hinzufügen. Den Teig in 30 Stücke teilen. Die Teigstücke zu 25–30 cm langen, fingerdicken Würsten rollen und zu Brezeln formen. Man kann auch runde Brötchen machen, wenn man möchte. Auf Backpapier legen und weitere 30 Minuten gehen lassen.

Den Ofen auf 225 °C vorheizen. Die Brezeln auf der mittleren Schiene des Ofens 8–10 Minuten backen. Etwas abkühlen lassen.

Butter schmelzen und die Brezeln damit bestreichen. Zucker, Puderzucker und Vanillezucker zusammenmischen und reichlich über die Brezeln sieben (siehe Bild S. 107).

Tipp!
Wenn man die Brezeln einfrieren möchte: Mit dem Garnieren warten, bis sie aufgetaut sind.

HEFEZOPF MIT PISTAZIENFÜLLUNG

Wenn man Hefezopf mag, muss man dieses Rezept einfach ausprobieren. Der kaltgegangene Teig ergibt ein knuspriges und saftiges Hefegebäck.

4 Stück

Teig:
50 g Hefe
500 ml kalte Milch
285 g Zucker
1 TL Salz
2 TL gemahlener Kardamom
700–800 g Weizenmehl
200 g Butter

Pistazienmasse:
65 g Mandeln
130 g geschälte ungesalzene Pistazien
120 g Puderzucker
1 EL warmes Wasser
Ein paar Tropfen grüne Lebensmittelfarbe

Pistazienfüllung:
200 g Pistazienmasse
200 g zimmerwarme Butter
90 g Rohrzucker
100 g Pistazien

Garnierung:
1 Ei
Hagelzucker

Die Hefe in eine Schüssel bröckeln und mit der kalten Milch verrühren. Zucker, Salz und Kardamom einrühren. 700 g Mehl einarbeiten, bis ein geschmeidiger und relativ lockerer Teig entsteht. Die Butter in kleineren Stücken in den Teig einkneten. Falls nötig, ein wenig mehr Mehl nehmen. Den Teig 1 Stunde gehen lassen.

Die Mandeln überbrühen und schälen. Mandeln und Pistazien in einer Nussmühle oder einem Mixer fein mahlen. Puderzucker, Wasser und Lebensmittelfarbe hinzufügen. Kneten, bis die Masse weich und geschmeidig wird. Die Masse zu einer Rolle formen. 200 g von der Pistazienmasse grob reiben und mit Butter, Rohrzucker und den grob gehackten Pistazien mischen (Die Pistazienmasse, die übrig bleibt, lässt sich gut einfrieren.).

4 Teigplatten mit ca. 25 × 45 cm Größe ausrollen. Die Füllung auf den Teigplatten verteilen. Die Platten wie bei einer Biskuitrolle zusammenrollen. Kerben in die Rolle schneiden und die Zipfel nach oben und außen ziehen wie bei einem Zopf. 30 Minuten gehen lassen.

Den Ofen auf 200 °C vorheizen. Die Zöpfe mit verquirltem Ei bestreichen und mit Hagelzucker bestreuen. Ca. 25 Minuten backen (siehe Bild S. 107.).

ORANGEN-SCHOKOLADEN-SCONES MIT HASELNÜSSEN

Ca. 20 Stück

- 500 g extra feines Weizenmehl
- ½ TL Salz
- 225 g zimmerwarme Butter
- Geriebene Schale und Saft einer Orange
- 1 TL Vanillezucker
- 95 g Zucker
- 400 ml Filmjölk oder Schwedenmilch mit 0,5 % Fettgehalt
- 100 g dunkle Schokolade (70 % Kakaogehalt)
- 1 Ei zum Bestreichen
- 50 g Haselnüsse

Mehl und Salz vermischen und mit der Butter verrühren. Orangenschale und -saft, Vanillezucker und Zucker hinzufügen. Mit Filmjölk bzw. Schwedenmilch und gehackter Schokolade vermischen. Den Teig im Kühlschrank ca. 30 Minuten ruhen lassen.

Den Ofen auf 225 °C vorheizen. Den Teig auf einer leicht bemehlten Arbeitsfläche flach drücken und die Scones mit einer runden Form ausstechen. In Papierförmchen legen. Mit dem verquirlten Ei bestreichen. Die Haselnüsse grob hacken und über die Scones verteilen. 12–15 Minuten backen.

KLASSISCHE SCONES

Scones wie in England. Wunderbar als Zwischenmahlzeit zu servieren, oder warum nicht die Gelegenheit nutzen und an einem der Weihnachtstage zum Afternoon Tea einladen? Die leckere Schokoladencreme nebenan und die Maracujacreme auf Seite 114 passen sehr gut zu diesen Scones.

Ca. 20 Stück

Ca. 450 g Weizenmehl
½ TL Salz
1 EL Backpulver
95 g Zucker
200 g kalte Butter
200–300 ml Filmjölk oder
 Schwedenmilch mit 0,5 % Fettgehalt

1 Ei
30 g Rohzucker

Frischkäsecreme:
Geriebene Schale von 1–2 Limetten
2 EL Limettensaft
200 g Frischkäse
2 EL Puderzucker

Mehl, Salz, Backpulver und Zucker mischen. Die Butter in Würfel schneiden und in die Mehlmischung einkneten. Die Schwedenmilch hineingießen und alles rasch zu einem Teig verkneten. Falls der Teig zu klebrig ist, mehr Mehl hinzufügen. Den Teig im Kühlschrank 1 Stunde ruhen lassen.
 Den Ofen auf 225 °C vorheizen. Den Teig auf einer leicht bemehlten Arbeitsfläche 2 cm dick ausrollen oder mit den Fingern flach drücken. Mithilfe eines Glases, eines Ausstechers oder einer Plätzchenform Scones ausstechen. Ein Blech mit Backpapier belegen und die Scones darauflegen. Das Ei verquirlen, die Scones damit bestreichen und mit ein wenig Rohzucker bestreuen. 12–15 Minuten backen, bis die Scones eine schöne Farbe bekommen haben.
 Die Zutaten für die Frischkäsecreme zu einer glatten Creme verrühren.
Die Creme zu den Scones reichen.

SCHOKOLADENCREME

Die Creme passt hervorragend zu Kuchen, Scones, Toastbrot oder Brioches.

1 kleines Glas

200 g dunkle Schokolade
   (70 % Kakaogehalt)
1 Vanilleschote
50 ml Vollmilch

150 g Sahne
2 EL Zucker
75 g kalte Butter

Die Schokolade fein hacken. Die Vanilleschote der Länge nach öffnen und das Mark herauskratzen. Milch, Sahne, Zucker, Vanillemark und -schote aufkochen. 2–3 Minuten kochen lassen. Dabei ständig rühren. Die Vanilleschote herausnehmen und entsorgen. Die warme Flüssigkeit über die gehackte Schokolade gießen. Rühren, bis die Schokolade geschmolzen und die Masse gleichmäßig cremig ist. Die Butter in kleine Stücke schneiden und hinzufügen. Alles 1 Minute lang kräftig mit dem Schneebesen schlagen. Die Creme in ein Glas oder eine Schüssel gießen und bei Zimmertemperatur abkühlen lassen. Anschließend im Kühlschrank aufbewahren, wo sie sich ca. 1 Woche hält.

MARACUJACREME

Auch diese Creme passt sehr gut zu Kuchen, Scones, Toastbrot oder Brioche.

1 Glas

8–10 kleine Maracujas
evtl. 1 Zitrone
2 Eier
120 g Rohzucker
100 g kalte Butter

> **Tipp!**
> Möchte man lieber Zitronencreme, kann man die Maracujas durch 100 ml Zitronensaft ersetzen (2 große Zitronen). Die Creme kann auch mit Schlagsahne gemischt und als Füllung für Torten oder Biskuitrollen verwendet werden.

Die Früchte aufschneiden und das Fruchtfleisch herausschaben. In einer Pfanne erhitzen, aber nicht kochen lassen. 3–4 Minuten rühren, bis sich ein Teil der Kerne aus dem Fruchtfleisch gelöst hat. Eventuell ein paar TL Wasser hinzufügen. Durch ein Sieb passieren. Wenn die Saftausbeute weniger als 100 ml beträgt, mit frisch gepresstem Zitronensaft auf 100 ml auffüllen.

Eier und Zucker schaumig schlagen. Den Fruchtsaft hinzufügen. Die Eiermasse in einen Topf geben und bei niedriger Hitze erwärmen. Ein paar Minuten lang ununterbrochen rühren, bis die Creme dick und schaumig geworden ist. Den Topf vom Herd nehmen. Die Butter unter Rühren stückchenweise hineingeben. Abkühlen lassen, zuerst bei Zimmertemperatur und dann im Kühlschrank.

BLAUBEERSCONES

Wie alles mit Backpulver gebackene Gebäck schmecken diese wunderbaren Scones lauwarm am besten.

24 Stück

400 g Weizenmehl
1 EL Backpulver
1 TL Salz
95 g Zucker

2 Eier
250 ml Filmjölk oder Schwedenmilch
100 ml Rapsöl
250 g gefrorene oder frische Blaubeeren

Den Ofen auf 225 °C vorheizen. Die trockenen Zutaten in einer Schüssel mischen. Eier und Filmjölk gesondert verquirlen. Anschließend die Eiermischung und das Rapsöl über die Mehlmischung gießen und umrühren. Zum Schluss die Blaubeeren untermischen. Vorsichtig umrühren, damit sie nicht kaputt gehen. Den Teig in gefettete Muffin-, Silikon- oder Papierformen füllen. Auf der mittleren Schiene des Ofens 12–15 Minuten backen.

ZITRONENSCHLINGEN

Dieses nach Zitrone und Vanille duftende Gebäck kann einfach jeden glücklich machen. Brötchen, Schlingen, Schnecken, Stangen, Zöpfe oder Kränze – der Hefeteig kann bis ins Unendliche variiert werden.

Ca. 40 Stück

Teig:
150 g Butter
500 ml Milch
50 g Hefe
100 ml heller Sirup
½ TL Salz
700–750 g Weizenmehl

Füllung:
Geriebene Schale und Saft von 1 Zitrone
1 EL Vanillezucker
150 g zimmerwarme Butter

Zum Bestreichen:
1 Ei
3 EL Hagelzucker

Die Butter in einem Topf schmelzen. Die Milch hineingießen und die Flüssigkeit auf Körpertemperatur erwärmen. Die Hefe in eine Schüssel bröckeln und mit der Teigflüssigkeit und dem Sirup anrühren. Salz und Mehl einrühren. Ca. 100 g Mehl zum späteren Kneten und Formen aufheben. Den Teig geschmeidig kneten. 1 Stunde gehen lassen.

Den Teig auf einer bemehlten Arbeitsfläche kneten und dann halbieren. Jede Hälfte zu einem Rechteck von ca. 30 × 40 cm Größe ausrollen. Zitronenschale und -saft mit Vanillezucker und Butter verrühren. Die Buttercreme auf die beiden Teigplatten verteilen. Die Teigplatten der Länge nach doppelt falten und ein wenig drücken. Jede Teigstange in 20 gleich große Stücke schneiden. Jedes Stück so einschneiden, dass es wie eine Hose aussieht. Jedes „Bein" in sich verdrehen und dann lose zu einem „Knoten" binden. Auf ein Backblech mit Backpapier legen. 30 Minuten gehen lassen.

Den Ofen auf 225 °C vorheizen. Die Schlingen mit verquirltem Ei bestreichen und mit Hagelzucker bestreuen. Auf der mittleren Schiene des Ofens ca. 8 Minuten backen.

Tipp!

Wenn man noch ein wenig geriebene Zitronenschale unter den Hagelzucker mischt, schmeckt das Gebäck noch mehr nach Zitrone. Will man luxuriöses Gebäck, kann man 100 g weiße Schokolade schmelzen und über die Schlingen träufeln, wenn sie abgekühlt sind. Die Schokolade erstarren lassen. Unglaublich lecker!

PANETTONE MIT LIMONCELLO

Panettone – der prächtige Neujahrskuchen aus Italien – wird in allen möglichen Geschmacksrichtungen mit verschiedenen Cremes und Füllungen gebacken. Der Kuchen wird oft als ein Mittelding zwischen Hefegebäck und Gugelhupf beschrieben. Er wird, obwohl er vor allem ein Weihnachtskuchen ist, das ganze Jahr über verkauft. Wenn man in Italien Silvester feiert, sind Panettone und Sekt oder Champagner die selbstverständliche Wahl, wenn die Uhr zwölf schlägt.

Ca. 10 Stücke

65 g gelbe Rosinen
100 g Zitronat, Orangeat oder
 kandierter Ingwer
100 ml Limoncello
200 ml Vollmilch
25 g Hefe
1 EL Honig
95 g Zucker

300–350 g Weizenmehl
150 g Butter
1 EL Vanillezucker
3 Eigelb
½ TL Salz
Geriebene Schale von 1 Zitrone
Butter für die Form und zum
 Bestreichen

Rosinen und Zitronat mindestens 2 Stunden in Wasser einweichen. Die Milch auf Körpertemperatur erwärmen. Die Hefe in eine Schüssel bröckeln und mit der Milch anrühren. Honig, die Hälfte des Zuckers und das meiste Mehl hinzufügen. Zudecken und den Teig 1 Stunde gehen lassen.

 Die Butter schmelzen. Zusammen mit dem restlichen Zucker, Vanillezucker, Eigelb, Limoncello, Zitronat, Rosinen und Salz einrühren. Alles gut vermischen. Den Teig auf eine bemehlte Arbeitsfläche legen und den Rest des Mehls und die Zitronenschale einarbeiten. Den Teig zu einem Laib formen. Eine hohe, runde Form (ca. 1 ½ l) einfetten. Den Teig darin 30 Minuten gehen lassen.

 Den Ofen auf 250 °C vorheizen. Den Teig mit geschmolzener Butter bestreichen. Auf der untersten Schiene des Ofens 10 Minuten backen. Die Temperatur auf 150 °C senken. Weitere 45–50 Minuten backen. 20 Minuten vor Ablauf der Backzeit noch einmal mit Butter bestreichen. Den Kuchen herausnehmen und ein wenig abkühlen lassen. Dann aus der Form stürzen und zum Auskühlen auf ein Kuchengitter legen.

KNUSPRIGER KARDAMOM-HEFEKUCHEN VOM BLECH

Vielleicht nicht der hübscheste oder am schnellsten gebackene, aber ich wage zu behaupten, dies ist einer der leckersten Hefekuchen der Welt. Luftig dank der langen Gehzeit und mit dem frischem Geschmack von Zitrone und Kardamom. Die knusprige karamellartige Zimtmasse bildet eine zarte Decke über dem Kuchen. Herrlich!

Ca. 30 Stücke

Teig:
100 g Butter
400 ml Milch
25 g Hefe
600–650 g Weizenmehl
95 g Zucker
½ TL Salz
2 TL gemahlener Kardamom
Fein geriebene Schale von 1 Zitrone

Zimtmasse:
150 g zimmerwarme Butter
200 g heller Muscovadozucker
1–2 EL Zimt

Die Butter in einem Topf schmelzen. Die Milch hineingießen und auf Körpertemperatur erwärmen. Die Hefe in eine Schüssel bröckeln. Die lauwarme Milch über die Hefe gießen und auflösen. Mehl, Zucker, Salz, Kardamom und Zitronenschale untermischen. Den Teig kräftig kneten, er sollte recht locker sein, sich aber von der Unterlage lösen. Den Teig bei Zimmertemperatur ca. 2 Stunden gehen lassen.

Die weiche Butter mit Muscovadozucker und Zimt vermischen. Ein Backblech mit hohem Rand mit Backpapier auslegen. Den Teig ausrollen, darauf legen und etwas flach drücken. Die Zimtcreme über dem Teig verteilen. Den Teig weitere 30 Minuten gehen lassen.

Den Ofen auf 175 °C vorheizen. Den Kuchen 15–20 Minuten backen.

WEIHNACHTLICHER BUTTERKUCHEN
MIT VANILLECREME UND MANDELMASSE

Als ich noch klein war, dachte ich, Großmutters fantastischer Butterkuchen wäre nach einem der sieben Zwerge benannt, was natürlich nicht stimmt. Dies ist einer der leckersten weihnachtlichen Kuchen, die ich kenne.

8–10 Stücke

Teig:
250 g Weizenmehl
50 g Zucker
125 g Butter
25 g Hefe
100 ml Kaffeesahne
½ g Safran oder 2 TL Kardamom
1 Ei

Creme:
1 Ei
1 Eigelb
3 EL Zucker
1 EL Weizenmehl
30 ml Kaffeesahne
200 ml Milch
1 EL Vanillezucker

Mandelmasse:
200 g Mandelmasse
75 g Butter
4 EL Zucker
1 EL Zimt
30 g Rosinen
1 Ei

Glasur:
60 g Puderzucker
1 EL Wasser

Für den Teig Mehl und Zucker mischen. Die Butter stückchenweise dazugeben und zu einer krümeligen Masse verarbeiten. Die Hefe in eine Schüssel bröckeln. Sahne und Safran oder Kardamom auf Körpertemperatur erwärmen. Die Hefe in der Flüssigkeit auflösen. Diese in die Mehlmischung einarbeiten. Das Ei hinzufügen und alles zu einem geschmeidigen Teig verarbeiten. 1 Stunde gehen lassen.

Für die Creme Ei, Eigelb und Zucker in einem Topf verrühren. Das Mehl unter Rühren hinzufügen. Sahne und Milch unterrühren. Erhitzen und mit dem Schneebesen rühren, bis die Creme dick wird. Den Topf vom Herd nehmen. Vanillezucker einrühren. Abkühlen lassen. Ab und zu rühren. Die Mandelmasse reiben und mit Butter, Zimt und Zucker verkneten.

Eine Springform mit ca. 24 cm Durchmesser einfetten. $1/3$ des Teiges etwas größer als die Form ausrollen. Den Teig in die Form legen und einen 2–3 cm hohen Rand formen. Die Vanillecreme auf dem Teig verteilen. Den restlichen Teig zu einer Platte mit ca. 20 × 30 cm Größe ausrollen. Die Zimtfüllung darauf strei-

chen und die Rosinen darüberstreuen. Vom kurzen Ende her zusammenrollen wie eine Biskuitrolle und in 8 Stücke schneiden. Die Schnecken auf die Vanillecreme stellen. Den Kuchen 30 Minuten gehen lassen.

Den Ofen auf 200 °C vorheizen. Den Kuchen mit dem verquirlten Ei bestreichen. Auf der mittleren Schiene des Ofens ca. 30 Minuten backen. Puderzucker und Wasser verrühren. Den abgekühlten Kuchen damit glasieren.

REGISTER

Klassisches Weihnachtsgebäck 6–32
Kekse 33–60
Winterpies, Käsekuchen und Torten 61–84
Saftige Kuchen und Muffins 85–104
Hefegebäck und Scones 105–123

A
Alfajores 40
Altmodische Pfefferkuchen 13
Apfelsaft, winterlicher warmer 59
Apfelstrudel mit Pfefferkucheneis 80

B
Bananen-Haselnuss-Kuchen 93
Bananenkäsekuchen auf Schokoladen-
    boden 68
Birnen-Ingwer-Marmelade, Schokoladen-
    trüffelpie mit 82
Biskuits mit drei Füllungen 43
Biskuits mit dunkler Schokoladenbutter-
    creme 44
Biskuits mit weißer Schokoladentrüffel-
    füllung 43
Biskuits mit Zitronenfüllung 44
Blätterteigrollen mit Haselnüssen 60
Blaubeerscones 115
Brownies mit Kokosdecke 104
Brüsseler Plätzchen 34
Butterkuchen mit Vanillecreme und
    Mandelmasse, weihnachtlicher 122

C
Cheesecake, New York 64
Chocolate Chip Cookies 47

D
Dänischer Neujahrsturm 57
Dunkles Schokoladenkonfekt 31

E
Erdnuss-Marmeladen-Kekse 39

F
Feigenbällchen, Schokoladen- 32
Frischer Orangenkuchen 101

G
Gebräunte Marmeladenträume 9

H
Haselnusskuchen, Bananen- 93
Haselnusssterne, Schokoladen- 49
Hefezopf mit Pistazienfüllung 110

K
Karamellkäsekuchen 67
Karamellkekse 37
Kardamom-Hefekuchen vom Blech,
    knuspriger 120
Karottenmuffins mit Limettencreme 96
Käsekuchen auf Pfefferkuchenboden,
    Safran- 62
Käsekuchen auf Schokoladenboden,
    Bananen- 68
Käsekuchen, Karamell- 67

Kekse mit weißer Schokolade und
  Macadamianüssen 45
Kirsch-Kokos-Florentiner 55
Kirsch-Mandel-Kuchen mit Schokoladen-
  glasur 94
Klassische Scones 112
Knusprige Sirupplätzchen 7
Knusprige Zitronen-Mohn-Kekse 38
Knuspriger Kardamom-Hefekuchen vom
  Blech 120
Kransekageturm 57

M
Madeleines, verschneite 98
Mandelgebäck, sizilianisches 50
Mandelkuchen mit Schokoladentopping,
  Kirsch- 94
Mandelmuscheln 20
Mandeltorte mit Punschcreme und
  Nougat 70
Maracujacreme 114
Marmeladensterne 9
Molketoffee 28
Mürbe Safrankekse 27

N
Neujahrsturm, Dänischer 57
New York Cheesecake 64

O
Orangenkuchen, frischer 101
Orangen-Schokoladen-Scones mit
  Haselnüssen 111

P
Panettone mit Limoncello 118

Panforte aus Siena 16
Pfefferkuchen, altmodische 13
Pfefferkucheneis, Apfelstrudel mit 80
Pfefferkuchenhaus 19
Pfefferkuchenquadrate mit Frischkäse
  und Preiselbeeren 90
Preiselbeerdip, Sirupkekse mit 52

R
Roter Samtkuchen 86
Rugelach 58

S
Safranbiskuitrolle mit Zitronencreme 23
Safrankäsekuchen auf Pfefferkuchen-
  boden 62
Safrankekse, mürbe 27
Safranschnecken mit Mandeln und
  Orangen 11
Safranschnecken 14
Safranzopf mit Quark 106
Saftige Schokomuffins mit Fudge und
  Kokos 103
Samtkuchen, roter 86
Schokoladencreme 113
Schokoladen-Feigen-Bällchen 32
Schokoladenfudge mit Marshmallows
  und Nüssen 30
Schokoladengetränk, wärmendes 99
Schokoladen-Haselnuss-Sterne 49
Schokoladenkonfekt, dunkles 31
Schokoladenkuchen mit Feigen, weißer ... 74
Schokoladenkuchen mit Kaffeesirup und
  Datteln 88
Schokoladenkuchen mit Pistazien 36
Schokoladenkuchen, Walnuss- 72

Schokoladentrüffelpie mit Birnen-Ingwer-Marmelade ... 82
Schokomuffins mit Fudge und Kokos, saftige ... 103
Scones, Blaubeer- ... 115
Scones, klassische ... 112
Scones mit Haselnüssen, Orangen-Schokoladen- ... 111
Sizilianisches Mandelgebäck ... 50
Sirupkekse mit Preiselbeerdip ... 52
Sirupplätzchen, knusprige ... 7

T
Toffeepie mit Schokoladentrüffel ... 84
Torta della nonna ... 78

V
Vanillebrezeln ... 109

Verschneite Madeleines ... 98

W
Walnuss-Schokoladen-Kuchen ... 72
Wärmendes Schokoladengetränk ... 99
Weihnachtlicher Butterkuchen mit Vanillecreme und Mandelmasse ... 122
Weihnachtskuchen mit Amaretto und Schneeglasur ... 24
Weißer Schokoladenkuchen mit Feigen ... 74
Winterlicher warmer Apfelsaft ... 59

Z
Zimtbrownies mit Safranglasur ... 102
Zimtschnecken ... 108
Zitronen-Mohn-Kekse, knusprige ... 38
Zitronenschlingen ... 116

PFEFFERKUCHENHAUS IN 6 TEILEN
+Fenster und Türen nach eigener Fantasie

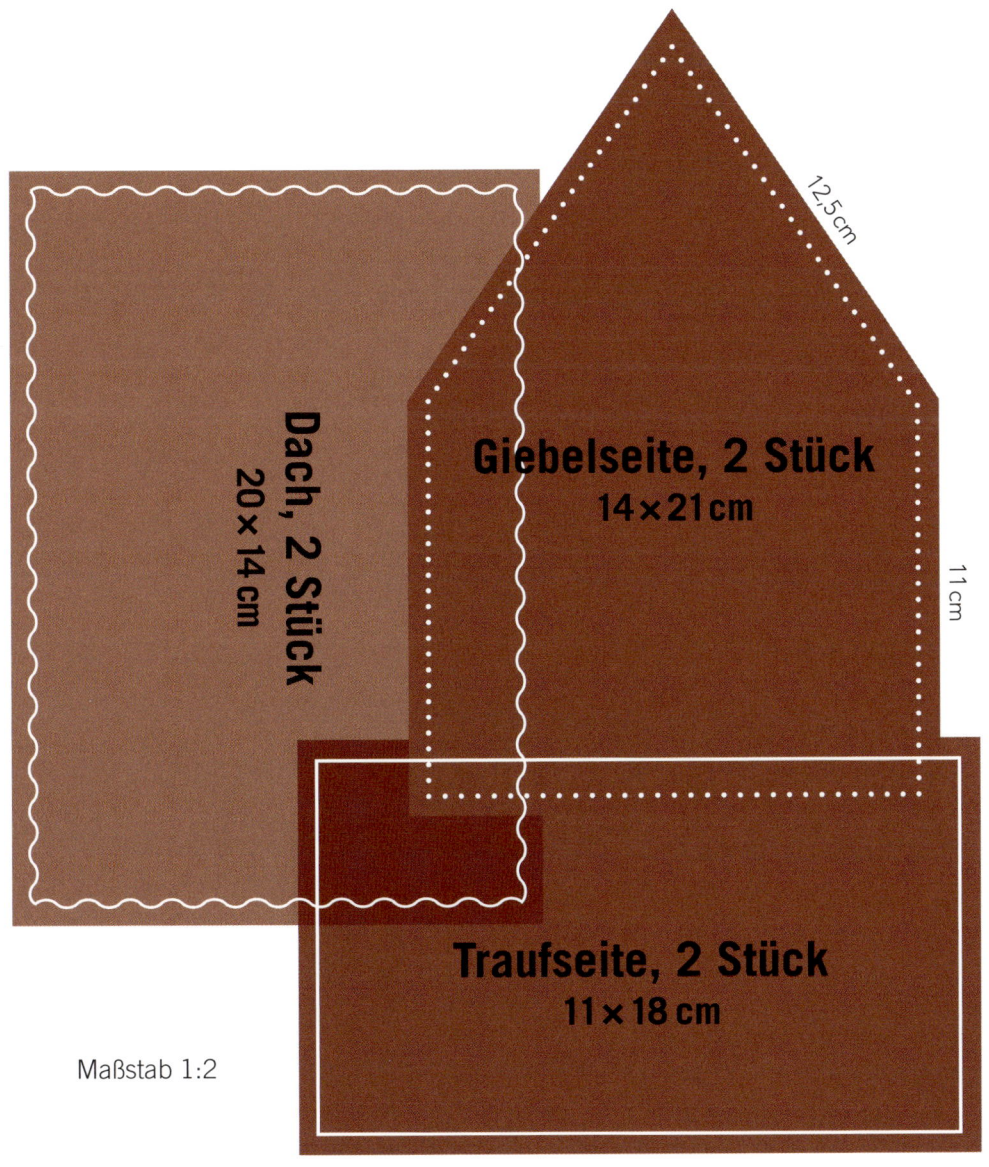

Dach, 2 Stück
20 × 14 cm

Giebelseite, 2 Stück
14 × 21 cm

12,5 cm

11 cm

Traufseite, 2 Stück
11 × 18 cm

Maßstab 1:2

Aus dem Schwedischen von Julia Gschwilm

In Schweden werden üblicherweise auch feste Zutaten in Volumeneinheiten angegeben. Für dieses Buch haben wir diese Angaben in die in Deutschland üblichen Gewichtsangaben umgerechnet. Dadurch kann es im Einzelfall nötig sein, etwas mehr oder weniger von der benötigten Zutat zu verwenden. Entscheidend ist immer die Konsistenz des Teiges oder die gewünschte Süße des Backwerks.

Für die Schwabenverlag AG ist Nachhaltigkeit ein wichtiger Maßstab ihres Handelns. Wir achten daher auf den Einsatz umweltschonender Ressourcen und Materialien. Dieses Buch wurde auf FSC®-zertifiziertem Papier gedruckt. FSC (Forest Stewardship Council®) ist eine nicht staatliche, gemeinnützige Organisation, die sich für eine ökologische und sozial verantwortliche Nutzung der Wälder unserer Erde einsetzt.

Alle Rechte vorbehalten
© 2012 Jan Thorbecke Verlag der Schwabenverlag AG, Ostfildern
www.thorbecke.de

© der Originalausgabe mit dem Titel „Sju Sorters Julkakor" 2010
Cecilia Vikbladh und Ica Bokförlag, Forma Books AB, Schweden

Umschlaggestaltung: Finken & Bumiller, Stuttgart
Druck: Süddeutsche Verlagsgesellschaft, Ulm
Hergestellt in Deutschland
ISBN 978-3-7995-0754-7